OS ENSAIOS
OU
CONSELHOS CIVIS E MORAIS

Dados Internacionais de Catalogação na Publicação (CIP)
(Câmara Brasileira do Livro, SP, Brasil)

Bacon, Francis, 1561-1626.
Os ensaios ou conselhos civis e morais / Francis Bacon ; [tradução Sílvia Sarzana]. 1. ed. -- São Paulo : Ícone, 2011. (Coleção fundamentos da filosofia)

Título original: Bacon's Essays.
ISBN 978-85-274-1161-5

1. Ensaios ingleses - Período moderno, 1500-1700 I. Título. II. Série.

10-13131 CDD-824.3

Índices para catálogo sistemático:

1. Ensaios ingleses 824.3

Francis Bacon

Os Ensaios
ou
Conselhos Civis e Morais

1ª Edição
Brasil – 2011

Coleção Fundamentos da Filosofia

Título original
Bacon's Essays

Tradução
Sílvia Sarzana
Marsely De Marco Martins Dantas

Revisão
Marsely De Marco Martins Dantas
Saulo C. Rêgo Barros

Capa e miolo
Richard Veiga

ÍCONE EDITORA LTDA.
Rua Anhanguera, 56 – Barra Funda
CEP: 01135-000 – São Paulo/SP
Fone/Fax.: (11) 3392-7771
www.iconeeditora.com.br
iconevendas@iconeeditora.com.br

Introdução

Bacon nos explicou o que quis dizer com a palavra "Ensaio". Ele disse o seguinte: "O desejo de lazer fez com que decidisse escrever notas breves, definidas mais de forma significativa do que por curiosidade, a isso denominei ENSAIOS. A palavra é recente, mas a ação é antiga. Pois as Cartas de Sêneca a Lucílio, se bem observadas, não passam de Ensaios – isto é, meditações dispersas, apesar de elaboradas na forma de Epístolas".

Os Ensaios de Montaigne surgiram em 1580. A primeira edição dos Ensaios de Bacon foi publicada em 1597. Bacon conhecia a obra de Montaigne, apesar de se referir a Montaigne nominalmente apenas uma vez. No Ensaio sobre a Verdade, acrescentado na terceira edição de 1625, ele cita Montaigne, mas o faz com uma imperfeição característica. "Mountaigny disse, belamente," escreve, mas o belo dizer é de Plutarco, não de Montaigne, e é mencionado por Montaigne como o comentário de "um ancião". Há poucas semelhanças entre os Ensaios de Bacon e os Ensaios de Montaigne, "exceto pela força rara de interesse excitante, e a inconfundível marca da genialidade expressa em ambos[1]".

1 Prof. T. Fowler.

Comentários curtos sobre excelentes assuntos – notas rascunhadas sem nenhum esforço sério de elaboração, completude ou organização metódica – anotações de "de tal natureza que um homem pode encontrar muitas vezes na prática, mas muito pouco em teoria", – anotações "que se fazem claras aos negócios e âmagos do homens" – assim são os Ensaios de Bacon, descritos totalmente em seus próprios termos.

Composições desse tipo naturalmente sofrem às vezes por falta de método e precisão. Bacon em alguns momentos emprega as palavras em sentido ambíguo. Sendo assim, quando escreve sobre a Verdade, o termo "Verdade" a princípio significa a correspondência do pensamento com o fato, e depois a virtude da honestidade, algo totalmente diferente. "Inveja" é usada para denotar não apenas o que comumente entendemos sobre o termo, mas também malevolência e descontentamento popular. Dentro dos limites de um curto Ensaio, a Beleza é analisada de várias formas com curiosa inconsistência[2].

O esforço de Bacon aparece de forma muito evidente em suas especulações sobre caráter e conduta – na sagacidade prática (nem sempre acompanhada de sabedoria superior) de suas máximas sobre os homens. Aqui encontramos o ensinamento de um especialista cuja carreira o deixou familiarizado com as artimanhas e os artifícios dos cortesãos e dos oficiais – o ensinamento de alguém que considerou a si mesmo um "ator em cima do palco", e que foi também um sagaz observador da vida.

Na história de literatura inglesa, Bacon se encontra entre os criadores da prosa moderna[3]. Sua posição como clássico está assegurada. Com mais versatilidade que Ascham, ou Sidney, ou Hooker, ele elaborou obras-primas em mais de um estilo. Mesmo assim, o fato de ter escrito em inglês é quase um acidente. Ele não sentia confiança na estabilidade duradoura de sua língua nativa. Se um livro tinha que "viver e ser cidadão do mundo, o que não acontece com os livros

---

2 Devo ao Sr. Reynolds (*Introdução aos Ensaios de Bacon*, pp. xxii-xxv) pelos comentários contidos neste e no próximo parágrafo. A Introdução do Sr. Reynolds na íntegra merece leitura cuidadosa e repetitiva.

3 Idem.

escritos em inglês", então tinha que ser traduzido para o latim. "Essas línguas modernas", ele dizia, "em algum momento ou outro irão levar os livros à falência."

Embora seu estilo varie de acordo com as exigências do assunto, não deixa de ser rico e ornado, até solene e majestoso, às vezes, penetrante e conciso, raramente fazendo uso da autoconfiança extrema. O que ele concebe como poeta, ele expressa como profeta, e como um profeta que propaga sua mensagem e desfaz da controvérsia. Ele fala como quem tem autoridade: "*Franciscus Baconus sic cogitavit*". Foi o pensamento que me ocorreu; pondere-o bem, e use-o ou deixe-o[4].

Suas expressões com frequência são obscuras. Talvez a obscuridade às vezes seja intencional. De qualquer forma, essa característica sempre foi recorrente. Sua mãe encaminhou ao filho Anthony uma das cartas de seu irmão. "Interprete-a", ela pediu: "Não consigo entender essa escrita enigmática[5]". Contudo, geralmente o desejo de clareza deve-se à forma sintética das frases. Pensamentos íntimos do escritor rascunhados em uma folha de papel, condensados por Bacon em uma frase. O que ele escreve não dever ser "engolido" com pressa, mas "saboreado e digerido" com deliberação. Nunca um homem abordou tanto em um espaço tão pequeno.

Dean Church diz que os Ensaios de Bacon são "como capítulos da Ética e da Retórica de Aristóteles sobre virtude e caráter; porém, Bacon pega os temas abrangentes de Aristóteles e os transforma em observações sutis, mais refinadas, oriundas de uma experiência muito mais vasta. Contudo, esses curtos escritos dizem o que devem dizer sem um prefácio, sem as juntas e as ligas da estrutura; dizem de forma breve, usando frases rápidas, elaboradas, sentença após sentença, como as batidas de um potente martelo[6]".

A fertilidade da imaginação de Bacon era imensa. "Com sagacidade, se sagacidade significar o poder de perceber as analogias entre as coisas que não parecem ter nada em comum, ninguém nunca se igua-

---

4 Macaulay, Essays, Vol. I. p. 409. Cf. Reynolds, *Bacon's Essays*, Introdução, p. xii.

5 Citada na Introdução do Sr. Reynolds, p. xxii.

6 Bacon, *English Men of Letters*. DD. 215-16.

lou a ele[7]." Metáforas engenhosas perpassam seus escritos. Algumas de suas expressões tornaram-se citações comuns na área de educação. Até mesmo os homens nas ruas falam com as crianças como "reféns da sorte", apesar de ficarem confusos quanto a dar o crédito adequado à autoria da frase. Bacon sempre tem uma ilustração à mão, não importa qual seja o assunto a ser discorrido.

Ele não apenas nos dá a ilustração, como há também uma grande chance de nos fornecer uma citação. Ele cita autores com uma imperfeição abundante e magnificente de muitos jornalistas modernos. Suas citações pertencem a duas classes – Citações e Adulterações, e não dá para decidir de súbito qual classe é mais numerosa. Às vezes, foi imperfeito por falha de memória ou por não fazer-lhe diferença alguma verificar a veracidade de suas citações. Às vezes, deliberadamente, adulterou a citação de um autor apenas para inseri-la no contexto de forma harmoniosa. Em suas citações, assim como em sua filosofia em geral, a exatidão dos detalhes foi sacrificada pela extensão do repertório.

7 Macaulay, *Essays*, Vol. I. p. 410.

Os Ensaios
ou
Conselhos Civis e Morais
de

FRANCIS LO. VERULAM,
VISCONDE DE ST. ALBAN

EPÍSTOLA DEDICADA

AO HONORÁVEL, MEU MUITO BOM SENHOR,

O DUQUE DE BUCKINGHAM[8]

SUA GRAÇA, SENHOR ALTO ALMIRANTE DA INGLATERRA

Texto: 1625

Excelência:

Salomão diz *"Um bom nome é como uma preciosa pomada"* [9], e eu asseguro a mim mesmo que assim será o nome de Vossa Graça para a posteridade. Pois tanto vossa fortuna quanto vosso mérito são eminentes e vós plantastes coisas que perdurarão. Eu agora publico meus *Ensaios*, que, de todos os meus outros trabalhos, são os mais generalizados, pois, como parece, servem aos negócios e aos pensamentos dos homens. Aumentei-os tanto em número quanto em relevância, de modo que constituem, de fato, um novo trabalho. Portanto, pensei ser apropriado, ao meu afeto e obrigação para com Vossa Graça, antepor vosso nome antes deles, tanto na versão em inglês quanto naquela em latim, pois penso que o volume em latim (sendo esta a língua uni-

8 George Villiers, Duque de Buckingham, foi o favorito do Rei James desde 1616. Foi assassinado por Felton em 1628.

9 Eclesiastes 7.1 (onde um bom nome é *melhor* do que uma preciosa pomada).

versal) pode durar tanto quanto duram os livros.[10] Minha *Instauração* dediquei ao Rei[11], minha *História de Henrique, o Sétimo* (que traduzi agora para o latim), as partes da História Natural ao Príncipe[12] e estes eu dedico à Vossa Graça, sendo dos melhores frutos que, por meio do bom incremento que Deus dá à minha pena e aos labores que posso realizar. Deus guie Vossa Graça pela mão.

Vosso mais grato e fiel servo,

Francis St. Alban.[13]

---

10 As traduções dos *Ensaios* para o latim, algumas das quais feitas pelo próprio Bacon, foram publicadas pela primeira vez em 1638.

11 i.e.: O Rei James I, que morreu em março de 1625. O *Instauratio Magna,* publicado em 1620, compreende o *Novum Organum* e um conjunto de preliminares e planos para a grande obra filosófica que Bacon nunca completou.

12 i.e.: Príncipe Charles, subsequentemente Charles I. A *História de Henrique VII* foi primeiro publicada em 1622. Partes da História Natural surgiram em 1622-3.

13 Bacon tornou-se Visconde de St. Alban em 1622.

Sumário

1

DA VERDADE

Texto: 1625

O que é a verdade? zombou Pilatos[14] e não esperou pela resposta. Certamente há prazer na vertigem[15], e é como uma obrigação para se firmar uma crença, afetando[16] o livre-arbítrio tanto no pensar, quanto no agir. E, embora as escolas filosóficas dessa espécie[17] já não existam, permanecem, contudo, certos juízos[18] discursivos, que são da mesma veia, apesar de não haver muito sangue nelas, como havia nas dos antigos. Mas não são apenas a dificuldade e o labor que têm os homens para descobrir a verdade, nem novamente aquilo que, quando encontrado, se impõe[19] sobre os pensamentos dos homens, o que favorece as mentiras, mas um amor corrompido do pensamento

14 Em João 18.37-8, Jesus declara que ele veio ao mundo para dar testemunho da verdade, ao que Pilatos replica "O que é a verdade?": o termo *zombar*, ou escarnecer, é um acréscimo de Bacon.

15 Constantemente mudando suas mentes.

16 Desejando.

17 Provavelmente as escolas de filosofia da Grécia antiga conhecidas como os Céticos e a Nova (ou terceira) Academia, que ensinavam que os homens não podiam conhecer a verdade.

18 Mentes faladeiras, incoerentes.

19 Restrições.

natural à própria mentira. Uma das últimas escolas gregas[20] examinou o assunto e chegou a pensar no que deveria haver nela para que os homens a amassem, não por prazer, como os poetas, nem por vantagem, como o fazem os mercadores, mas pelo amor à própria mentira. Não posso dizer. Essa mesma verdade é uma luz tão clara e nua, que não mostra metade das máscaras, disfarces e triunfos do mundo tão aberta e delicadamente[21] quanto a luz de uma vela. Talvez a verdade tenha o valor de uma pérola, que melhor se mostra durante o dia, mas não terá o valor de um diamante ou de uma granada, que se mostram melhor em luzes variadas. Uma pitada de mentira sempre aumenta o prazer. Alguém duvida que, se houvessem retirado das mentes dos homens as vãs opiniões, as agradáveis esperanças, as falsas avaliações, os devaneios, isso deixaria suas mentes murchas e pobres, cheias de melancolia e indisposição e desagradáveis aos próprios olhos? Um de nossos antepassados, com grande severidade, chamou a poesia de *vinum daemonum*[22], pois alimenta a imaginação e, contudo, é apenas a sombra de uma mentira. Todavia, não se trata da mentira que passa pela mente, mas daquela que se deposita e se estabelece em si, que faz mal, como dissemos anteriormente. De qualquer modo, tais coisas são assim nos corrompidos julgamentos e paixões dos homens; contudo a verdade, que julga apenas a si mesma, ensina que a busca da verdade, que é o amor ou o galanteio a ela, o conhecimento da verdade, que é a sua presença, e a crença na verdade, que é o seu deleite, é o bem soberano da natureza humana. A primeira criatura[23] de Deus durante os dias da criação foi a luz dos sentidos; a última foi a luz da razão e o sábado representa desde sempre a iluminação de seu Espírito. Primeiro, ele soprou luz sobre a face da matéria ou caos; depois, soprou luz na face do homem e, ainda, soprou e inspirou luz na face de seus eleitos. O poeta que embeleza a doutrina, que era, por outro lado, inferior aos

20 Luciano, grego satírico do século II, que, nas primeiras linhas do seu *Amante das Mentiras*, introduz a questão do que torna os homens tão afeiçoados à mentira, que a preferem à verdade pelo amor à própria mentira.

21 Elegantemente.

22 O vinho dos demônios (Santo Agostinho chama a poesia de "vinho do erro"; S. Jerônimo, de "alimento dos demônios").

23 Coisa criada (ver Gênesis 1.3 e 27).

outros[24], disse muito bem: *É um prazer ficar na praia e ver os navios balançando-se no mar; um prazer ficar na janela de um castelo e ver uma batalha e suas aventuras abaixo; mas não há prazer comparável ao de se permanecer no terreno vantajoso da verdade* (uma colina em que nada está acima e onde o ar é sempre claro e sereno), *e ver os erros e divagações e brumas e tempestades no vale abaixo,* desde que essa visão seja sempre piedosa e não arrogante ou orgulhosa. Certamente é o céu na terra quando a mente do homem se move na caridade, descansa na providência e gira ao redor dos polos da verdade.

Para se passar da verdade teológica e filosófica para a verdade dos negócios civis, é preciso reconhecer, mesmo por aqueles que a praticam ou não, que a negociação clara e sincera é a honra da natureza do homem e que a mistura de falsidade é como a liga em uma moeda de ouro e prata, que pode melhorar o trabalho no metal, mas que o embaça. Pois estes caminhos tortuosos e desonestos constituem os avanços da serpente, que rasteja basicamente sobre a barriga e não sobre os pés. Não há nada pior para um homem do que ser flagrado na falsidade e na perfídia. E, portanto, quando Montaigne indagou a razão de a palavra mentirosa ser considerada uma desgraça e receber uma carga tão odiosa, ele disse belamente: *Na verdade, dizer que um homem mente equivale a dizer que ele é valente em relação à Deus e covarde em relação aos homens*[25]. Pois a mentira enfrenta Deus e se encolhe diante do homem. Certamente a perversidade da falsidade e a ruptura da fé não podem ser tão altamente expressas, como o seria o último repique do chamado para o julgamento de Deus sobre as gerações de homens. Já se disse que, quando Cristo voltar, *não achará fé sobre a terra*[26].

---

24 O poeta romano Lucrécio elaborou a filosofia de Epicuro em seu poema, em seis volumes, *Sobre a Natureza das Coisas.* Bacon parafraseia as primeiras dez linhas do Volume II.

25 De: "Mentir", *Ensaios,* II, 18, onde Montaigne está citando *belamente,* ou precisamente, Plutarco.

26 Lucas 18.8, onde Jesus não profetiza, mas *pergunta* se o Filho do Homem encontrará fé sobre a Terra.

2

DA MORTE

Os homens temem a morte como as crianças têm medo do escuro; e como esse medo natural nas crianças é aumentado com os contos, assim também ocorre com os homens[27]. Certamente a contemplação da morte, como o pagamento do pecado e a passagem para um outro mundo é sagrada e religiosa, mas o temor a ela, como um tributo devido à natureza, é fraco. Contudo, nas meditações religiosas há algumas vezes a mistura de vaidade e da superstição. Você poderá ler, em alguns livros de mortificação[28] dos frades, que o homem deve pensar no que é a dor de se ter a extremidade de um dedo pressionada ou torturada e, daí, imaginar o que são as dores da morte, quando todo o corpo se corrompe e se dissolve, quando muitas vezes a morte se dá com menos dor do que a tortura de um membro, pois a maioria das partes vitais não são as de maior sensibilidade. E aquele que falou apenas como filósofo e homem natural[29], disse-o muito bem: *Pompa mortis magis terret quam mors ipsa*[30]. Gemidos e convulsões e uma

27 Derivado de Lucrécio, *Sobre a Natureza das Coisas*, III, 87-90.

28 Livros sobre a repressão dos desejos da carne.

29 i.e.: Um homem guiado apenas pela natureza (e não conhecendo as revelações sobrenaturais do Cristianismo); o *homem* é Sêneca, e Bacon o cita livremente, a partir de suas *Epístolas*, XXIV, 14.

30 As armadilhas da morte nos aterrorizam mais do que a própria morte.

face pálida, o choro dos amigos, o luto[31] e obséquias e afins tornam a morte terrível. Vale a pena observar que não há paixão na mente do homem tão debilitado, mas isso combina e se apropria do medo da morte; e, portanto, a morte deixa de ser esse inimigo terrível, quando um homem tem tantos assistentes que podem ajudá-lo a vencer tal combate[32]. A vingança triunfa sobre a morte, o amor a despreza, a honra a ela aspira, o pesar voa em sua direção, o temor a preocupa[33]. E ainda: lemos de Oto que, quando o imperador se suicidou, a piedade (que é a mais terna das paixões) levou muitos a morrerem por simples compaixão por seu soberano e como os seus mais fiéis seguidores[34]. E mais: Sêneca adiciona delicadeza à saciedade: *Cogita quamdiu eadem feceris; mori velle, non tantum fortis, aut miser, sed etiam fastidious potest*[35]. Um homem morreria, embora não fosse nem valoroso nem miserável, apenas pelo cansaço de fazer sempre a mesma coisa. Vale a pena observar quão pequena é a alteração nos bons espíritos quando se aproximam da morte, pois parecem ser os mesmos homens até o último instante. Augusto César[36] morreu durante um elogio: *Lívia, conjugii nostri memor, vive et vale*[37]; Tibério, em dissimulação, como dele Tácito disse: *Iam Tiberius vires et corpus, non dissimulatio, deserebant*[38]; Vespasiano durante um gracejo, sentando-se sobre o tamborete: *Ut puto deus fio*[39]; Galba com uma sentença: *Feri, si ex*

31 As roupas pretas do luto.

32 Temor dela (i.e.: da morte).

33 Antecipa-a (pelo suicídio).

34 A morte de Oto é descrita por Tácito, em *Histórias*, II, 49.

35 Considere quantos fizeram as mesmas coisas; o desejo de morrer pode ser sentido não apenas pelo corajoso ou pelo canalha, mas também pelo homem enfraquecido pelo tédio (adaptado de Sêneca, *Epístolas*, LXXVII, 6).

36 Augusto, Tibério, Vespasiano, Galba e Sétimo Severo foram todos imperadores romanos.

37 Adeus, Lívia, lembre-se de nossa vida conjugal (Suetônio, *Augusto*, 99).

38 Finalmente faltaram a Tibério a força e a vitalidade do corpo, não o seu poder de dissimulação (*Anais* VI, 50).

39 Enquanto estou pensando, estou me tornando um deus (de Suetônio, *Vespasiano*, 99).

re sit populi Romani[40], expondo seu pescoço; Sétimo Severo em um despacho: *Adeste si quid mihi restat agendum*[41], e assim por diante. Certamente os estoicos conferiram um alto valor à morte[42] e, com seus grandes preparativos, fizeram-na parecer mais temível. Melhor disse ele: *Qui finem vitae extremum inter munera ponat naturae*[43]. Morrer é tão natural quanto nascer e para uma criança pequena, uma é tão dolorosa quanto a outra. Aquele que morre em uma valorosa missão é como aquele que é ferido em combate: durante pouco tempo sente a ferida e, portanto, uma mente fixada e voltada para algo que é bom, evita as dores da morte. Mas, acima de tudo, acredite, o cântico mais doce é *Nunc dimittis*[44], quando um homem alcançou fins e expectativas de valor. A morte tem isso também: abre a porta para a boa fama e acaba com a inveja: *Extinctus amabitur idem*[45].

---

40 Golpeia, se for para o bem do povo romano (de Tácito, *Histórias*, I. 41.).

41 Apressa-te, se houver ainda alguma coisa para eu fazer (Dio, *História Romana*, IXXVII, 17).

42 Talvez isso pertença a Sêneca, que escreveu frequentemente sobre a perspectiva da morte, mas não é verdade em relação aos estoicos em geral. Eles pensavam que a vida humana não era nem boa nem má, mas uma coisa indiferente.

43 Quem encara a conclusão da vida como uma bênção da natureza (Juvenal, *Sátiras*, X, 358).

44 Agora deixe ((seu servo) partir (em paz), Lucas 2.29).

45 O mesmo homem (invejado enquanto vivo) será amado, quando morto (Horácio, *Epístolas*, II, 1.14).

3

DA UNIDADE NA RELIGIÃO

Textos: 1612, 1625

Sendo a religião o principal elo da sociedade humana, é uma felicidade quando bem contida no verdadeiro elo da unidade. As disputas e divisões sobre religião eram males desconhecidos aos pagãos. A razão era porque a religião dos pagãos consistia mais em ritos e cerimônias do que em qualquer crença constante. Imagine que tipo de fé era a deles, quando os Doutores[46] e Ancestrais de sua igreja eram poetas. Mas o verdadeiro Deus tem o atributo de ser um Deus *ciumento*[47] e, portanto, sua adoração e religião não aceitam mistura nem parceria. Assim, trataremos de algumas obras relativas à unidade da igreja, bem como os seus frutos, limites e meios.

Os frutos da unidade (depois de bem agradar a Deus, que é tudo em tudo) são dois: um é para os que estão fora da igreja; o outro, para aqueles que estão dentro. Para o primeiro, é certo que as heresias e cismas são, entre todos, os maiores escândalos; sim, mais do que a corrupção dos costumes. Pois, como no corpo natural, uma ferida ou solução de continuidade é pior do que humor corrompido, assim também no espiritual. De modo que nada faz tanto para manter os homens fora da igreja ou os leva a deixá-la como a quebra da unidade. E, portanto, sempre que se chega àquele impasse em que alguém diz

---

46 Mestres.

47 Ver *Êxodo*, 20.5.

Ecce in deserto, outro diz *Ecce in penetralibus*[48], isto é, quando alguns homens buscam Cristo nos conventículos de hereges e outros do lado de fora da Igreja, aquela voz precisa soar continuamente nos ouvidos humanos *Nolite exire – Não saia. O Mestre dos Gentios*[49] (a propriedade[50] de cuja vocação levou-o a ter um cuidado especial com aqueles que não a possuíam) disse: *Se um pagão entrar e ouvi-lo falar várias línguas, não dirá ele que você é louco?* E certamente é pouco melhor quando ateus e pessoas profanas ouvem muitas opiniões contrárias e discordantes no que se refere à religião. Isso faz com que evitem a igreja e os faz *sentar no banco dos escarnecedores*[51]. É apenas uma pequena coisa a ser considerada em um assunto tão sério, mas expressa bem a deformidade. Há um mestre da zombaria[52] que, em seu catálogo de livros de uma biblioteca de ficção registra o seguinte título de um livro: *A dança folclórica dos hereges*[53]. Pois, de fato, cada seita deles tem uma postura ou armadilha diversa em si mesma, que só leva ao escárnio dos hereges e aos políticos depravados, que são capazes de condenar as coisas sagradas.

O fruto para aqueles que estão dentro da igreja é a paz, que contém infinitas bênçãos: ela estabelece a fé, incita a caridade. A paz exterior da igreja destila-se em paz de consciência e transforma os labores da escrita e da leitura em tratados de mortificação e devoção.

Em relação aos elos de unidade, sua verdadeira colocação importa muito. Parece haver dois extremos. Para certos fanáticos[54], todo discurso de pacificação é odioso. *É a paz, Jeú? O que tens tu com a paz? Passe para trás e me siga*[55]. A paz não é a questão, mas o movimento

48 Veja, ele está no deserto... Veja, ele está nos aposentos internos (Mateus, 24.26).

49 S. Paulo: a citação é de 1Coríntios 14, 23.

50 A natureza peculiar.

51 Ver Salmos 1.1.

52 Rabelais: para o livro de ficção *La Morisque dês Hérétiques*, ver *Pantagruel*, II. 7.

53 Situação ou trapaça especial.

54 Zelotes.

55 Ver 2Reis 9.18-19.

e a facção. Em contrapartida, certos laodiceanos[56] e pessoas desinteressadas acham que podem acomodar pontos da religião pela moderação, tomando um pouco de cada um e produzindo reconciliações engenhosas, como se fizessem um arbitramento entre Deus e o homem. Estes dois extremos precisam ser evitados, o que será feito se a liga dos Cristãos, apenada por nosso próprio Salvador, em que, em duas cláusulas cruzadas[57], clara e perfeitamente expõe: *Aquele que não está conosco, está contra nós*[58] e novamente: *Aquele que não está contra nós, está conosco*[59]; isto é, se os pontos fundamentais e de substância na religião forem verdadeiramente discernidos e distinguidos daqueles pontos que não são simplesmente de fé, mas de opinião, ordem ou boa intenção. Isso é algo que pode parecer a muitos um assunto trivial e já realizado, mas, se fosse feito mais imparcialmente, seria abraçado mais geralmente.

Quanto a isso posso dar apenas um conselho, segundo o meu pequeno modelo[60]. Os homens deviam acautelar-se para não lacerarem a igreja de Deus usando dois tipos de controvérsia. A primeira quando o assunto do ponto de controvérsia é tão pequeno e leve, que não vale uma discussão acalorada sobre ele, acesa apenas pela contradição. Pois, como foi notado por um de nossos Pais, *O manto de Cristo não tinha, de fato, nenhuma costura, mas as vestes da igreja eram de diversas cores*[61], em relação ao que ele disse: *In veste varietas sit, scissura non sit*[62], elas seriam duas coisas: unidade e uniformidade. A outra controvérsia é quando o assunto do ponto controverso é importante, mas leva a uma grande sutileza e obscuridade, então isso se torna mais uma coisa engenhosa do que substancial. Um homem que tem discernimento e compreensão ouvirá algumas vezes discussões entre ignorantes e

56 Ver Revelação 3.14-16.

57 (À primeira vista) contraditórias.

58 Mateus 12.30.

59 Marcos 9.40.

60 Plano.

61 Aludindo aos Salmos 45.14, onde a princesa "em vestes muito coloridas" é levada ao rei. O Pai é ou Santo Agostinho ou São Bernardo.

62 Deixe haver variedade nas vestes, mas não rupturas.

saberá em seu íntimo que aqueles que assim divergem dizem a mesma coisa, embora eles próprios nunca concordem. E quando se chega ao julgamento entre um homem e outro, não deveríamos pensar que Deus nos céus, que conhece o coração do homem, não discerne que aqueles homens frágeis, em algumas de suas contradições, pretendem a mesma coisa, e aceita a ambos? A natureza de tais controvérsias é magnificamente expressa por São Paulo, na advertência e preceito fornecidos em relação à mesma coisa: *Devita profanas vocum novitates, et oppositiones falsi nominis scientiae*[63]. Os homens criam oposições que não existem, colocando-as em novos termos fixados para tal e, enquanto o significado deveria governar o termo, é o termo que, de fato, governa o significado. Há também duas falsas pazes ou unidades: a primeira, quando a paz está fundamentada em uma ignorância implícita (pois todas as cores concordam na escuridão); a outra, quando é apresentada sobre a admissão direta de contradições em pontos fundamentais. Pois a verdade e a falsidade em tais coisas são como o ferro e a argila nos dedos dos pés da imagem de Nabucodonosor[64]: eles podem ser quebrados, mas não mais se unirão.

Em relação aos meios necessários à busca da unidade, os homens precisam ter consciência de, na obtenção ou imposição da unidade religiosa, não dissolverem ou desfigurarem as leis da caridade e da sociedade humana. Há duas espadas entre os cristãos, a espiritual e a temporal, e ambas têm a sua devida missão e posição na manutenção da religião. Mas não podemos pegar a terceira espada, que é a espada de Maomé ou coisa parecida – isto é, propagar a religião por meio de guerras ou de perseguições sanguinárias (exceto em casos de escândalo aberto, blasfêmia ou mistura de práticas contra o estado), muito menos alimentar sedições, autorizar conspirações e rebeliões, colocar a espada nas mãos das pessoas e coisas desse gênero, levando à subversão de todos os governos ordenados por Deus. Para isso basta lançar

63 Evite as novidades profanas das palavras e as contradições do que é falsamente chamado de conhecimento (1Timóteo 6.20).

64 Ver Daniel 2.31-5.

a primeira contra a segunda[65], e assim considerar os homens como cristãos, enquanto esquecemos que são homens. Lucrécio, o poeta, ao observar o ato de Agamenon, que pôde suportar o sacrifício de sua própria filha, exclamou:

Tantum religio potuit suadere malorum[66].

O que teria dito ele, se soubesse do massacre na França[67] ou do poder de traição da Inglaterra[68]? Ele teria sido sete vezes mais Epicuro[69] e ateu do que era. Pois assim como a espada temporal foi projetada para ser levantada com grande circunspecção em casos religiosos, é monstruoso colocá-la nas mãos de gente comum. Deixemos isso para os Anabatistas[70] e outros selvagens. Foi grande a blasfêmia, quando o diabo disse: *Eu ascenderei e serei como O Mais Alto*[71]; mas é blasfêmia maior representar[72] Deus e dizer: *Eu descerei e serei como o príncipe das trevas.* E o que é melhor, usar a causa da religião para descer às ações execráveis e cruéis de príncipes assassinos, à chacina do povo e à subversão de estados e governos? Certamente isso é reduzir o Espírito Santo à semelhança com um abutre ou corvo e içar, na barca da igreja cristã, a bandeira de um navio de piratas e assassinos em vez de assemelhá-lo a uma pomba. Portanto, é mais que necessário que a igreja, por meio de doutrina e decreto, os príncipes, com suas espadas, e todos os eruditos (tanto cristãos, quanto morais), com seu bastão de

---

65 i.e.: Fazer a primeira metade dos Dez Mandamentos, os deveres para com Deus, contradizer a segunda metade, os deveres para com os homens. Os Mandamentos foram escritos em duas tábuas de pedra (ver Êxodo 20.1-17, 32.15-19 e 34.1 e 20).

66 Assim a religião poderosamente poderia induzir um homem às más ações (*Sobre a Natureza das Coisas*, I.101).

67 O massacre dos protestantes em Paris, no dia de São Bartolomeu, em 1572.

68 O atentado de novembro de 1605.

69 Epicurista.

70 Sectários protestantes que tinham pontos de vista radicais sobre a igualdade entre os homens e cuja história foi violenta.

71 Isaías 14.14.

72 Fazer o papel de.

Mercúrio[73], condenem e enviem ao inferno, para sempre, esses fatos[74] e opiniões tendentes a apoiar tais coisas, como já foi em boa parte feito. Sem dúvida, nos conselhos relativos à religião, o conselho do apóstolo deveria ser prefixado: *Ira hominis non implet justitiam Dei*[75]. E foi uma observação notável de um sábio Pai[76], e não menos inocentemente confessada, que *aqueles que sustentaram e induziram pressão às consciências estavam geralmente interessados em seus próprios objetivos.*

73 O Caduceu era o bastão com o qual Mercúrio, mensageiro dos deuses e ele próprio um deus do conhecimento, enviava as almas para o inferno.

74 Ações.

75 A ira do homem não satisfaz a justiça de Deus (Tiago 1.20).

76 Talvez S. Cipriano; a citação não foi encontrada.

4

DA VINGANÇA

Texto: 1625

A vingança é uma espécie de justiça selvagem, que, quanto mais a natureza do homem para ela se inclinar, mais deve a lei eliminá-la. Pois, no que se refere ao primeiro delito, ele apenas ofende a lei, mas a vingança a ele retira o poder da lei. Certamente, ao se vingar, o homem não se vinga apenas de seu inimigo, mas ao ignorá-lo, ele se mostra superior, pois perdoar é papel do príncipe. E Salomão, tenho certeza, disse: *É a glória de um homem ignorar uma ofensa*[77]. Porque o que é passado é irrevogável e os homens sábios têm mais o que fazer com as coisas presentes e futuras; portanto, estariam apenas desperdiçando o próprio tempo com assuntos passados. Nenhum homem pratica um delito pelo delito, mas, por meio dele, busca o lucro, o prazer e a honra próprios. Portanto, por que devo me zangar com um homem, se devo amá-lo mais do que a mim mesmo? E, se algum homem pratica o mal apenas por má índole, assemelha-se ao espinho ou à roseira brava, que pica e arranha, porque não podem fazer nada diferente disso. A espécie mais tolerável de vingança é aquela dirigida àqueles delitos para os quais não há remédio legal; mas que esse homem, que lança mão da vingança, o faça apenas quando não haja nenhuma lei para puni-la, do contrário o inimigo ainda estará à frente e serão dois para um. Alguns, quando se vingam, desejam que aquele que sofre a vingança saiba

77 De Provérbios 19.11.

quem a perpetrou. Isso é mais generoso, porque o deleite parece estar não tanto na realização da vingança quanto no fazer o outro saber de onde veio. Mas, ao fim e ao cabo, os covardes são como a flecha que voa na escuridão[78]. Cosme, duque de Florença[79], fez uma declaração desesperada contra amigos traiçoeiros ou negligentes, como se os males por eles praticados fossem imperdoáveis: *Vocês lerão* (disse ele) *que nos mandam perdoar nossos inimigos; mas nunca lerão que nos ordenam perdoar nossos amigos*. Contudo, o espírito de Jó era mais bem ajustado: *Devemos* (disse ele) *aceitar o bem das mãos de Deus e não nos alegrarmos em aceitar o mal também?*[80]. E assim também, proporcionalmente, dos amigos[81]. É certo que o homem que pensa em vingança mantém abertas as próprias feridas, que, de outro modo, seriam curadas. Vinganças públicas são em sua maioria afortunadas, como a da morte de César, ou da de Pertinax, ou da de Henrique III da França[82] e muitas outras. Mas nas vinganças pessoais não é assim. Pessoas vingativas vivem mais como bruxas, que, por serem malvadas, terminam no infortúnio.

---

78 Ver Salmos 91.5.

79 Cosimo de Médici, †1574; a declaração não foi encontrada.

80 Jó 2.10.

81 Em extensão proporcional (i.e.: Deus pode tratar-nos como deseja: amigos têm menos poder de nos fazer o bem e menos direito de nos fazer o mal).

82 Augusto César, Sétimo Severo e Henrique IV da França prosperaram e provaram ser bons regentes; depois, sofreram *vinganças públicas* pelos assassinatos, respectivamente, de Júlio César, Pertinax e Henrique III.

5

DA ADVERSIDADE

Foi um grande discurso de Sêneca (à maneira dos Estoicos), que *as coisas boas da prosperidade devem ser desejadas, mas as coisas boas da adversidade devem ser admiradas. Bona rerum secundarum optabilia, adversarum mirabilia.* Certamente, se os milagres são a ordem sobre a natureza, eles aparecem mais na adversidade[83]. Contudo, este é um discurso ainda maior do que os outros (muito mais elevado para um pagão): *É verdadeira grandeza unir a fragilidade de um homem à segurança de um deus. Vere magnum, habere fragilitatem hominis, securitatem dei*[84]. Isso teria efeito melhor na poesia, onde as transcendências são mais permitidas. E os poetas, de fato, ocuparam-se disso, pois, efetivamente, é a coisa que mais apareceu naquela estranha ficção dos poetas antigos, que parece não estar isenta de mistério; mais ainda, e para se ter alguma abordagem ao estado de um cristão, que *Hércules, quando foi libertar Prometeu* (que representa a natureza humana) *navegou a distância de um grande oceano em um jarro de barro ou cântaro*[85], vivamente descrevendo a resolução cristã, que navega na

83 Se os milagres significam comandos sobre a natureza, então Sêneca está certo, pois eles aparecem mais em tempos de adversidade, quando os homens controlam suas naturezas.

84 De Sêneca, *Epístolas,* LIII.12.

85 Prometeu, tendo roubado o fogo dos deuses para a humanidade, foi acorrentado a uma rocha, e a cada dia uma águia bicava o seu fígado, até que Hércules matou o pássaro e libertou-o. A história encontra-se em *A Biblioteca,* II.5.11,

frágil casca da carne pelas ondas do mundo. De modo geral, a virtude da prosperidade é a temperança; a virtude da adversidade é a firmeza, que pela moral é a mais heroica das virtudes. A prosperidade é a bênção do Antigo Testamento; a adversidade é a bênção do Novo[86], que conduz a uma bênção maior e a uma revelação mais clara do favor de Deus. Contudo, mesmo no Antigo Testamento, se você ouvir a harpa de Davi, ouvirá tanto a marcha fúnebre, quanto música alegre, e a pena do Espírito Santo teve mais trabalho para descrever as aflições de Jó do que a felicidade de Salomão. A prosperidade não chega sem muitos medos e desgostos, e a adversidade sem confortos e esperanças. Vemos isso nas costuras e bordados: é mais agradável ter um trabalho vivo sobre um fundo triste e solene do que ter um trabalho escuro e melancólico sobre um fundo luminoso. Julga-se, portanto, o prazer do coração pelo prazer do olho. Certamente a virtude é semelhante aos perfumes preciosos, mais fragrantes quando incensados ou esmagados, pois a prosperidade descobre melhor o vício, mas a adversidade melhor descobre a virtude.

---

de Apolodoro. Mas o *jarro de barro* não está em Apolodoro; ver R.S. Peterson, *Imitação e Louvor nos Poemas de Ben Jonson*, New Haven and London, 1981, pp. 131-3. Em *A Sabedoria dos Antigos*, Bacon explica o significado oculto de uma história semelhante: "A viagem de Hércules especialmente, navegando em um cântaro, para libertar Prometeu, parece apresentar uma imagem de A Palavra de Deus (Cristo) reverberando no frágil vaso da carne, para redimir a raça humana".

86 Provavelmente uma referência à Beatitude: "Abençoados aqueles que lamentam" (Mateus 5.4).

6

DA SIMULAÇÃO E DISSIMULAÇÃO

Texto: 1625

Dissimulação é apenas uma tímida espécie de diplomacia ou sabedoria, pois exige uma forte perspicácia e um coração forte para saber quando dizer a verdade e fazê-lo. Portanto, é o tipo mais fraco de políticos que compõe o grupo dos grandes dissimuladores.

Tácito disse: *Lívia adaptou-se bem com as artes de seu marido e a dissimulação de seu filho*[87], atribuindo artes ou diplomacia a Augusto e dissimulação a Tibério. E novamente, quando Muciano encorajou Vespasiano a tomar armas contra Vitélio, disse: *Estamos nos levantando não contra o penetrante julgamento de Augusto, nem contra a extrema cautela ou estagnação de Tibério*[88]. Tais propriedades das artes ou diplomacia e de dissimulação ou estagnação são, de fato, hábitos e faculdades várias e devem ser distinguidas. Pois, se um homem tem o julgamento penetrante ao discernir que coisas devem ser expostas e quais devem ser secretas e o que deve ser mostrado à meia-luz, e para quem e quando (o que, de fato, são artes do Estado e artes da vida, como Tácito bem as chamou[89]) para ele o hábito da dissimulação é um obstáculo e uma deficiência. Contudo, se um homem não consegue tal julgamento, então lhe resta, geralmente, fechar-se e tornar-se

87 *Anais, V.1.*

88 Tácito, *Histórias*, II. 76.

89 Bacon provavelmente está relembrando ambos: *Anais*, III. 70 e *Agrícola* 39.

um dissimulador. Pois, quando um homem não consegue escolher ou diversificar nos detalhes[90], então, em geral, é bom tomar o caminho mais seguro e prudente, como o andar lento daquele que não enxerga bem. Certamente os homens mais capazes sempre foram aqueles abertos e francos e com reputação de certeza e veracidade. Entretanto, eram como cavalos bem amestrados, porque sabiam bem quando parar ou virar; e quando achavam que o caso de fato requeria dissimulação, se a usassem, a opinião anterior, propagada no exterior, de sua boa-fé e procedimento claro tornava-os quase invisíveis.

Há três graus desse esconde-esconde do íntimo de um homem. O primeiro: cautela, reserva, segredo, quando o homem não se deixa observar ou quando esconde o que ele é. O segundo: dissimulação, no sentido negativo, quando o homem deixa sinais e argumentos de que ele não é o que é. E o terceiro: simulação, no sentido afirmativo, quando o homem diligente e expressamente finge ser o que não é.

No primeiro caso, o segredo é de fato a virtude de um confessor. E certamente o homem discreto ouve muitas confissões – pois quem se abrirá com um tagarela ou futriqueiro? Mas um homem que guarda um segredo incita a descoberta tanto quanto um ambiente fechado suga o ar quando aberto. E, como na confissão, a revelação não é para uso mundano, mas para acalmar o coração do homem, assim homens reservados ficam sabendo de muitas coisas desse tipo, embora sirva mais para que esvaziem suas mentes do que para compartilhá-las. Em resumo, os mistérios são devidos aos segredos. Além disso (para dizer a verdade), a nudez é imprópria tanto para a mente quanto para o corpo, e não acrescenta nem mesmo uma pequena reverência às maneiras e ações dos homens, se eles não forem completamente abertos. Pessoas faladeiras e fúteis são geralmente vaidosas e crédulas. Pois aquele que fala o que sabe, falará também do que não sabe. Portanto, registre-se que *o hábito da discrição é tanto político quanto moral*. E, no tocante a isso, é bom que a face do homem transmita aquilo que a sua língua fala, porque a descoberta do íntimo de um homem por suas feições é uma grande fraqueza e traição, porque muitas vezes é mais marcada e acreditada do que as suas palavras.

---

90 Para servir a casos particulares.

No segundo, que é a dissimulação, o segredo muitas vezes é mantido por necessidade, de modo que aquele que seria discreto precisa ser um dissimulador em algum grau. Porque os homens são muito espertos para permitir que outro homem mantenha a indiferença entre ambos e seja discreto, sem que o equilíbrio oscile para um dos lados. Assim, eles cobrirão o homem de perguntas e o seduzirão e o tirarão de si, de modo que, sem um silêncio absurdo, ele deverá mostrar uma inclinação para um dos lados ou, então, eles deduzirão tanto do seu silêncio quanto de suas palavras. Quanto aos equívocos ou oráculos, eles não resistirão por muito tempo. De modo que nenhum homem consegue ser discreto, exceto quando usa um pouquinho de dissimulação, o que é, nestas circunstâncias, apenas os limites ou o exercício da discrição.

Mas, o terceiro grau, que é a simulação ou falsa declaração, que considero mais culpável, e menos política, exceto quando o assunto for grande e raro. E, portanto, o hábito da simulação (que representa este último grau) é um vício que surge tanto de uma falsidade natural ou temor, quanto de uma mente possuidora de falhas graves, que, devido ao fato de um homem precisar de disfarces, faz com que ele pratique a simulação em outras coisas, para que não seja descoberto.

As grandes vantagens da simulação e da dissimulação são três. A primeira: manter inerte a oposição e surpreender. Pois, quando as intenções de um homem são conhecidas, funcionam como alarme para instigar todos aqueles que são contra elas. A segunda: preservar no íntimo de um homem um sólido refúgio. Pois, se o homem se compromete declaradamente, precisa ir adiante ou sofrerá uma queda. A terceira: é melhor descobrir a mente do outro. Pois, em relação àquele que se abre aos outros, os homens raramente irão se mostrar adversos, mas irão (justamente) deixá-lo prosseguir e transformar a liberdade de sua palavra em liberdade de pensamento. E, então, cabe aqui um bom e sagaz provérbio espanhol: *Conte uma mentira e encontre uma verdade*; como se não houvesse nenhum outro modo de descobrir, senão pela simulação. Há também três desvantagens, para manter o equilíbrio. A primeira: que a simulação e a dissimulação geralmente levam consigo uma exibição de temor, que, em qualquer negócio, estraga as penas do percurso até o alvo[91]. A segunda: que isso mistura e confunde os conceitos de muitos que, talvez, de outro modo cooperariam com ele e faz o homem andar praticamente sozinho para atingir os seus fins. A terceira e maior delas: priva o homem de um de seus mais importantes instrumentos de ação, que são confiança e fé. A melhor composição e temperamento é ter reputação de sinceridade, o hábito da discrição, o uso razoável da dissimulação e o poder de fingir, se não houver outro remédio.

91 Impede a flecha de voar diretamente para o alvo.

7

DE PAIS E FILHOS

Textos: MS, 1612, 1625

As alegrias dos pais são secretas, bem como suas tristezas e temores. Não podem demonstrar as primeiras, nem exibirão os segundos. Os filhos adoçam os trabalhos, mas tornam os infortúnios mais amargos. Aumentam as preocupações com a vida, mas mitigam a lembrança da morte. A perpetuidade pela geração é comum aos animais, mas memória, mérito e obras nobres são próprios dos homens. E certamente veremos trabalhos nobres e princípios provenientes de homens sem filhos, que procuraram expressar as imagens de suas mentes, onde aquelas de seus corpos falharam. Assim, neles, a preocupação com a posteridade é maior do que não ter posteridade. Aqueles que são os fundadores de suas casas são mais indulgentes em relação aos seus filhos, considerando-os como a continuação não apenas de sua espécie, mas também de sua obra; e assim o são ambos, filhos e criações.

A diferença no afeto dos pais em relação a seus vários filhos é muitas vezes desigual e algumas vezes injustificada, especialmente na mãe. Como disse Salomão: *Um filho sábio alegra o pai, mas um filho desagradável envergonha a mãe*[92]. Um homem verá, numa casa cheia

92 Provérbios 10.1 Em outro lugar, Bacon explica o verso desta maneira: um filho sábio e prudente é o maior conforto do pai, que conhece o valor da virtude melhor do que a mãe... Mas a mãe sofre mais e tem mais desconfortos com a má sorte de seu filho, ambos devido ao fato de que o afeto de uma mãe é mais gentil e terno, e porque ela tenha consciência talvez de que o mimou e corrompeu com sua indulgência (*Obras*, V. 40).

de filhos, que um ou dois dos mais velhos são respeitados, e os mais jovens são mimados; mas, os do meio, os que foram esquecidos, muitas vezes provam ser os melhores. A mesquinhez dos pais na mesada de seus filhos é um grande erro; torna-os egoístas, os familiariza com golpes, faz com que se associem às más companhias, tornando-os esbanjadores quando alcançam a abundância. E, portanto, o resultado é melhor quando os homens mantêm sua autoridade em relação a seus filhos, mas não a sua bolsa. Os homens têm uma maneira tola (tanto pais, quanto mestres e empregados) de criar e alimentar uma rivalidade entre irmãos durante a infância, que muitas vezes leva à discórdia, quando se tornam adultos, perturbando as famílias. Os italianos fazem pouca diferença entre filhos e sobrinhos ou parentes próximos. Contudo, enquanto permanecerem unidos, não importa que não tenham passado por seu próprio corpo. E, para dizer a verdade, a natureza é muito semelhante; às vezes, um sobrinho é mais parecido com um tio ou parente do que com seu próprio pai; é como o sangue vem. Deixemos que os pais escolham logo as vocações e cursos que pretendam que seus filhos façam, pois então eles são mais maleáveis. E não deixemos que se acomodem muito à disposição de seus filhos, pensando que serão melhores fazendo aquilo que mais querem. É verdade que, se o afeto[93] ou a aptidão dos filhos forem extraordinários, então é bom não contrariá-los. Mas, em geral, este é um bom preceito: *Optimum elige, suave et facile illud faciet consuetudo*[94]. Irmãos mais novos são geralmente afortunados, mas raramente ou nunca onde os mais velhos são deserdados.

---

93 Inclinação.

94 Escolha o que é melhor e o hábito o tornará agradável e fácil (um ditado atribuído aos seguidores de Pitágoras; *in* Plutarco, *Sobre o Exílio*, 8 (*Moralia*, 6028).

8

DO CASAMENTO E DO CELIBATO

Textos: MS, 1612, 1625

Aquele que tem esposa e filhos entrega reféns à sorte, pois são impedimentos aos grandes empreendimentos, tanto para o bem quanto para o mal. Certamente as melhores obras, e de maior mérito para o público, procederam de homens não casados ou sem filhos, que, tanto no afeto quanto nos meios, se casaram com o público e o dotaram, embora haja grande razão para que aqueles que têm filhos cuidem mais dos tempos futuros, uma vez que sabem que é para eles que transmitirão seus mais queridos penhores. Há aqueles que, embora levem uma vida celibatária, carregam consigo mesmos os seus pensamentos até sua morte, considerando os tempos futuros como impertinências. E ainda há aqueles que têm esposa e filhos apenas como encargos a pagar. E mais ainda, há alguns homens ricos, tolos e avarentos que têm orgulho de não possuírem filhos, porque podem ser vistos como mais ricos ainda. Pois, talvez tenham ouvido coisas do tipo *"Este é um homem muito rico"*, afirmação que recebeu como resposta *"Sim, mas tem um grande número de filhos"*, como se isso diminuísse a sua riqueza. Mas a causa mais comum de uma vida celibatária é a liberdade, especialmente em certas mentes egoístas e caprichosas, que são muito sensíveis a qualquer restrição, que chegam a pensar que seus cintos e ligas são grilhões e algemas. Homens solteiros são os melhores amigos, os melhores mestres, os melhores servos, mas nem sempre os melhores sujeitos, pois estão sempre prontos a fugir; e quase todos os fugitivos são dessa condição. Uma vida celibatária serve bem aos religiosos, pois a caridade dificilmente molhará o chão, quando precisa, primeiro, encher um tanque. É indiferente para juízes e magistrados, pois, se forem acessíveis e corruptos, você terá um servo cinco vezes pior do que uma esposa. No caso dos soldados, acho que os generais geralmente, em suas exortações, fazem os homens se lembrarem de suas esposas e filhos; e acho que o menosprezo dos turcos em relação ao casamento torna mais vil o soldado comum. Certamente esposas e filhos são uma espécie de disciplina da humanidade, e homens solteiros, embora sejam muitas vezes mais caridosos, porque suas riquezas são menos exauridas, são, por outro lado, mais cruéis e insensíveis (o que é bom para inquisidores severos), porque sua ternura não é tão frequentemente solicitada. Naturezas sérias, orientadas pelo costume e, portanto, constantes, constituem geralmente maridos amorosos, como se disse de Ulisses: *Vetulam suam praetulit immortalitati*[95]. Mulheres castas são frequentemente orgulhosas e arrogantes, quando se prevalecem do mérito de sua castidade. E um dos melhores laços de união, entre castidade e obediência na esposa, é quando ela considera seu marido um sábio, o que nunca ocorreria se ela o considerasse ciumento. Esposas são as amantes de homens jovens, as companheiras da meia-idade e as enfermeiras dos homens idosos. Assim um homem pode resistir ao casamento quando quiser. Mas ele ainda será considerado um dos homens sábios[96], que pode responder à questão de quando um homem deve se casar: *Um homem jovem, não ainda; um homem mais velho, de jeito nenhum.* Frequentemente vemos que maus maridos têm esposas muito boas, seja porque isso eleva o apreço da generosidade de seus maridos, quando ela existe, seja pelo próprio orgulho que têm por sua paciência. Mas isso nunca falha quando os maus maridos foram escolhidos livremente, contra os conselhos dos amigos, pois, então, terão certeza de confirmar sua própria leviandade.

---

95 Ele preferiu sua esposa idosa à imortalidade (de Cícero, *Sobre o Orador*, I.44): i.e.: Ulisses preferiu retornar a Ítaca e à sua mulher Penélope, do que ficar com a deusa Calipso, que lhe oferecera a imortalidade.

96 Tales de Mileto, um dos Sete Sábios da Antiga Grécia. Ele pediu desculpas à sua mãe por não se casar, dizendo inicialmente que era muito jovem e, depois, que era muito velho (ver Plutarco, *Table-Talk*, III. 6.3 (*Moralia*, 654c)).

9

DA INVEJA

Texto: 1625

Não há afetos mais notados ou que fascinam mais do que o amor e a inveja. Ambos possuem desejos veementes. Prontamente se entrelaçam a imaginações e sugestões e são facilmente observados quando na presença dos objetos que os causam e que são os pontos que conduzem à fascinação[97], quando há tais objetos. Do mesmo modo, vemos que as Escrituras chamam a inveja de *olho do mal*[98], e os astrólogos a chamam de más influências dos *aspectos malignos* das estrelas, de modo que parece ainda haver o reconhecimento de que, no ato da inveja, há uma emissão ou irradiação do olho. E mais: alguns são tão curiosos, que chegam a observar que as situações em que o golpe de um olho invejoso mais prejudica ocorrem quando a parte invejada encontra-se em glória ou triunfo, pois isso excita a inveja. Além disso, é nessas horas que o espírito da pessoa invejada expõe-se externamente e encontra assim tal golpe.

Mas deixando de lado tais curiosidades (embora não desmerecedoras de consideração na hora certa), trataremos das pessoas aptas a invejar os outros, das pessoas mais expostas à inveja alheia e da diferença entre inveja pública e inveja privada.

97 Bacon define *fascinação* como "o poder e a ação da imaginação intensa sobre outros corpos que não o do imaginador (*Obras*, III.381).

98 Ver Marcos 7.3-21.

Um homem sem virtude sempre inveja a virtude de outros. Pois a mente humana ou se alimenta de seu próprio bem ou do mal dos outros e quem deseja um pilhará o outro e aquele que não tem esperança de alcançar a virtude de outro buscará o confronto, depreciando a boa sorte.

Um homem intrometido e inquisidor geralmente é invejoso, pois saber muito dos assuntos de outros homens não deve ser para relacioná-los a seus próprios assuntos. Portanto, deve ser por sentir uma espécie de prazer em observar as fortunas alheias. Aquele que se ocupa apenas com seu próprio negócio não consegue encontrar muita coisa a ser invejada, pois a inveja é uma paixão errante, que caminha pelas ruas e não tem lar: *Non est curiosus, quin idem sit malevolus*[99].

Observa-se que homens de nascimento nobre invejam novos homens, quando estes sobem, pois a distância social é alterada e é como uma ilusão de ótica o fato de acharem que, quando os outros sobem, eles estão descendo.

Pessoas deformadas, eunucos, idosos e bastardos são invejosos, pois aquele que não pode resolver seu próprio caso fará o que puder para prejudicar os outros; exceto aqueles defeitos leves em uma natureza corajosa e heroica, que torna suas deficiências parte de sua honra. Quanto a isso pode se dizer que um eunuco ou um manco fizeram grandes coisas, que assumiram a reputação de milagres, como aconteceu com Narses[100], o eunuco, e Angesilau e Tamberlane, que eram mancos.

O mesmo acontece com homens que se levantam após calamidades e infortúnios, pois são como homens fora de seu tempo, e que encaram a infelicidade dos outros como uma redenção de seu próprio sofrimento.

Aqueles que desejam a excelência em muitos assuntos, por leviandade ou vaidade, são sempre invejosos. Porque são trabalhadores incansáveis, para que seja impossível a alguém ultrapassá-los em

99 Ninguém é inquisidor sem ser também malévolo (Plauto, *Stichus*, I.3.54).

100 Narses foi o general bizantino que derrotou os Godos e governou a Itália até 567 d.C. Angesilau, rei de Esparta, de 398 a 361 a.C., infligiu pesadas derrotas aos Persas. Tamberlane, ou Timur, o Manco, †1405, conquistou imensas áreas da Ásia.

alguns desses assuntos. Esse era o caráter de Adriano, o Imperador[101], que invejava mortalmente os poetas, pintores e artesãos em obras nas quais ele gostaria de se distinguir.

Finalmente, parentes próximos, companheiros de trabalho e aqueles que foram criados juntos são mais aptos a invejar seus pares, quando sobressaem. Pois são apontados e censurados por suas próprias fortunas que, frequentemente, vêm à lembrança e, do mesmo modo, são mais observadas pelos outros. E a inveja é redobrada pelo discurso e pela fama. A inveja de Caim foi a mais vil e maligna em relação a seu irmão Abel, porque, quando o seu sacrifício foi mais bem-aceito, não havia ninguém para ver[102]. Isso ocorre muito com aqueles aptos à inveja.

Tratemos então daqueles que estão mais ou menos sujeitos à inveja. Primeiro: pessoas de eminente virtude, quando socialmente elevadas, são menos invejadas, porque sua fortuna parece devida a elas próprias e nenhum homem inveja o pagamento de uma dívida, e sim os prêmios e as liberalidades. Novamente, a inveja está sempre ligada à comparação com o íntimo do outro homem e onde não há comparação, não há inveja. Portanto, reis não são invejados, exceto por outros reis. Contudo, é preciso notar que pessoas sem méritos são mais invejadas quando alcançam sua primeira vantagem e, depois, são superadas; enquanto, por outro lado, pessoas de valor e mérito são mais invejadas quando sua fortuna perdura. Pois, com o passar do tempo, embora sua virtude continue a mesma, não tem o mesmo brilho, porque o crescimento de outros homens acaba ofuscando-a.

Pessoas de sangue nobre são menos invejadas em sua ascensão, pois isso parece ser seu direito inato. Também isso parece não aumentar sua fortuna e a inveja é como os raios de sol, que são mais quentes ao incidirem sobre uma ladeira ou terreno íngreme do que sobre terreno plano. E, pela mesma razão, aqueles que avançam gradualmente são menos invejados do que os que sobem repentinamente e *per saltum*[103].

101 Adriano, imperador romano de 117 a 138. Conta-se que ele desenhou um templo e, depois, baniu um arquiteto, que ousou criticar os seus projetos.

102 Gênesis 4.1-15.

103 Aos saltos.

Pessoas que uniram à sua honra grandes labutas, cuidados ou perigos estão menos sujeitas à inveja, pois os homens acham que estas pessoas obtiveram sua honra duramente e, às vezes, têm pena delas. E a piedade sempre cura a inveja. Por isso, observamos que a mais profunda e sóbria espécie de políticos, em sua grandeza, está sempre se lamentando pela vida que levam, entoando um *quanta patimur*[104]. Não que sintam isso; é apenas para reduzir a margem de inveja. Mas devemos compreender isso em relação aos negócios impostos aos homens e não em relação àquelas coisas que invocam para si mesmos. Pois nada aumenta mais a inveja do que um aumento ambicioso e desnecessário de afazeres. E nada extingue mais a inveja do que uma pessoa poderosa preservar os plenos direitos e as preeminências dos cargos de seus subordinados, pois isso significa que haverá muitos anteparos entre ela e a inveja.

Acima de tudo, aqueles mais sujeitos à inveja são os que ostentam suas fortunas de maneira insolente e orgulhosa e que só se sentem bem quando demonstram o quão grandes são; ou pela pompa externa ou pelo triunfo sobre toda oposição ou competição, ao passo que os homens sábios sacrificam-se à inveja, deixando-se, algumas vezes deliberadamente, contrariar e subjugar em questões de menor importância. Não obstante, é verdade que o porte da grandeza de maneira clara e aberta (sem arrogância ou vaidade) atrai menos inveja do que se o fosse de maneira ardilosa e esperta, pois, dessa maneira, um homem apenas repudia a fortuna e parece estar consciente de seu próprio desejo de valor e apenas ensina os outros a invejá-lo.

Finalmente, para concluir esta parte, como dissemos no início que o ato da inveja tem algo de bruxaria, não há cura para a inveja, a não ser pelo uso da bruxaria, pela remoção da *sina* (como eles a chamam) e lançando-a sobre outra pessoa. Para esse propósito, os poderosos mais sábios colocam em cena alguma pessoa sobre a qual recairá a inveja da qual eles seriam alvo. Algumas vezes são clérigos e servos, outras, colegas, associados e assemelhados; e aqui nunca são desejadas pessoas de natureza impetuosa e empreendedora, que, quando podem alcançar o poder ou negócios, aceitam não importando o custo.

---

104 Quantas coisas sofremos!

Tratemos, agora, da inveja pública. Ainda há algum bem na inveja pública, o que não existe na privada. Porque a inveja pública é como um ostracismo, que eclipsa os homens, quando se tornam muito poderosos. Portanto, é uma espécie de freio também para que se mantenham dentro dos limites.

Esta inveja, que em latim é *invidia*, nas línguas modernas é conhecida pelo nome de *descontentamento*, do qual falaremos aos tratarmos da sedição. É uma doença em um estado semelhante ao da infecção, porque a infecção se espalha entre os sãos e os adoece, de modo que, quando a inveja contamina um Estado, desacredita até mesmo as melhores ações, transformando-as em pestilência. E, portanto, há pouco ganho na mistura de ações plausíveis, porque isso manifesta apenas uma fraqueza e um temor da inveja, que ferem muito mais, como é usual nas infecções, porque, se você as teme, mais as chama para si.

A inveja pública parece incidir principalmente em funcionários públicos importantes ou ministros mais do que reis e Estados. Mas esta é uma regra certa: se a inveja sobre um ministro for grande, por um motivo ínfimo, ou se a inveja for geral de modo a recair sobre todos os ministros de um Estado, então a inveja (embora oculta) é verdadeiramente do próprio Estado. E assim ocorre com grande parte da inveja pública ou descontentamento e daí a diferença com a inveja privada, tratada inicialmente.

Queremos acrescentar que, em geral e no tocante ao sentimento da inveja, de todos os outros sentimentos, esse é o mais importuno e contínuo. Porque para os outros sentimentos há ocasião apropriada, de vez em quando. Portanto, foi muito bem dito que *Invidia festos dies non agit*[105], porque está sempre agindo sobre um ou outro. E também se observa que o amor e a inveja fazem o homem definhar, o que não ocorre com outros sentimentos, porque não são contínuos. A inveja é também o sentimento mais vil e o mais depravado, por ser o atributo próprio do demônio, que é chamado de *homem invejoso, que, à noite, semeia o joio no meio do trigo*[106], como sempre ocorre com a inveja, que trabalha sutilmente e na escuridão para prejudicar as coisas boas, como o trigo.

---

105 A inveja não observa nenhum feriado. A inveja não descansa.

106 Mateus 13.25. O texto não diz nada sobre um *homem invejoso*; simplesmente fala que "seu inimigo veio e semeou joio no meio do trigo". O inimigo é identificado como o demônio em 13.9-37.

10

DO AMOR

Textos: 1612, 1625

O palco é mais apropriado ao amor do que à vida do homem, pois, no palco, o amor é sempre assunto de comédias e, ocasionalmente, de tragédias. Mas, na vida, ele produz muitos danos, algumas vezes como sereia, outras como fúria. Você pode observar que, entre grandes e valorosas pessoas (aquelas que permanecem na memória tanto antiga quanto recente) não há nenhuma que tenha sido transportada ao louco grau do amor. O que demonstra que grandes espíritos e grandes negócios realmente excluem esta fraca paixão. Contudo, você deve abrir exceção para Marco Antônio[107], um dos triúnviros do Império Romano, e Ápio Cláudio[108], o decênviro e legislador. O primeiro foi, de fato, um homem voluptuoso e indisciplinado; mas o segundo era um homem austero e sábio. E, portanto, parece (embora raramente) que o amor pode fincar raízes não apenas em um coração aberto, mas também naquele fortalecido, se não estiver bem protegido. E Epicuro disse *Satis magnum alter alteri theatrum sumus*[109], como se o homem, feito para a contemplação do céu e de todos os nobres objetos, não devesse fazer mais nada a não ser ajoelhar-se diante de um pequeno ídolo e

107 Marco Antônio amou Cleópatra.

108 De acordo com Lívio, Virgínia, a filha de um plebeu, foi morta por seu pai para salvá-la dos desígnios de Ápio Cláudio, um do Conselho dos Dez (*decenvírio*), que tinha sido eleito para redigir um código de leis para Roma.

109 Cada um de nós é plateia suficiente para o outro (Sêneca, *Epístolas*, VII.11).

sujeitar-se, não pela boca (como os animais), mas pelo olho, que lhe foi dado para propósitos mais elevados. É estranho observar o excesso dessa paixão e como ela afronta a natureza e o valor das coisas, ao falar de uma hipérbole perpétua que é agradável apenas aos apaixonados. Nem está ela simplesmente na frase, pois, embora tenha sido bem dito[110] que o arquibajulador, com o qual todos os pequenos bajuladores concordam, é o ego do homem e certamente o do apaixonado é o maior[111]. Pois nunca o homem orgulhoso pensou tão absurdamente bem de si mesmo quanto o apaixonado o faz em relação à pessoa amada; e, portanto, foi muito bem dito *Que é impossível amar e ser sábio*[112]. Nem faz esta fraqueza aparente apenas aos outros, e não à pessoa amada, mas aos amados acima de tudo, exceto no amor recíproco. Pois é regra verdadeira que o amor é sempre premiado ou com a reciprocidade ou com um desprezo interior e secreto. Por isso, os homens devem estar muito conscientes dessa paixão, que os faz perder não apenas outras coisas, mas a si mesmo. Porque, para as outras coisas, a narrativa do poeta as imagina bem, já que o fez preferir Helena e rejeitar os dons de Juno e Palas[113]. Porque quem dá muito valor ao amor rejeita tanto as riquezas quanto a sabedoria. Essa paixão tem seus fluxos nos tempos de fraqueza, que são os de grande prosperidade ou grande adversidade (embora os últimos tenham sido menos observados); ambos inflamam o amor e o tornam mais ardoroso e, portanto, o mostram como filho da loucura. Faz melhor aquele que, embora admitindo o amor, o mantém confinado e o suprime totalmente de seus assuntos sérios e ações de vida, porque, se o amor interferir nos negócios, vai interferir na fortuna dos homens e não lhes permite, de maneira nenhuma, serem verdadeiros em relação a seus próprios objetivos. Não sei como, mas os militares são afeitos ao amor. Acho que é apenas porque também são

---

110 Ver Plutarco, *Como Bajular um Amigo*, 1 (*Moralia*, 48 E-F).

111 i.e.: O apaixonado bajula alguém mais ainda do que a si mesmo.

112 De Publilius Syrus, *Sentenças*, 15.

113 As deusas Juno, Vênus e Palas Atena (ou Minerva, deusa da sabedoria) pediram a Paris, príncipe de Troia, que decidisse qual delas era a mais bela. Juno ofereceu-lhe um império; Palas, a glória militar e Vênus, a mais bela mulher do mundo (Helena de Troia). A escolha de Paris por Vênus, e Helena, foi o início da Guerra de Troia.

afeitos ao vinho, pois os perigos pedem pagamento em prazeres. Há na natureza do homem uma inclinação e um movimento secretos para o amor aos outros, o que, se não for bem gasto em relação a alguém ou alguns, deve naturalmente espalhar-se para muitos e tornar os homens humanos e caridosos, como se vê, algumas vezes, em frades. O amor nupcial faz a humanidade; o amor fraterno aperfeiçoa-a; mas o amor lascivo a corrompe e degrada.

11

DO ALTO CARGO

Textos: MS, 1612, 1625

Os homens em altos cargos são três vezes servidores: servidores do soberano ou do Estado, servidores da fama e servidores dos negócios. De modo que não têm liberdade, nem em relação às suas pessoas, nem em relação às suas ações ou ao seu tempo. É um desejo estranho este de buscar o poder e perder a liberdade; ou buscar poder sobre os outros e perder o poder sobre si mesmo. A ascensão a um alto cargo é laboriosa e, pela dor, os homens alcançam as honrarias. A posição é enganosa e o retrocesso é ou por uma queda ou pelo menos um eclipse, que é uma coisa melancólica. *Cum non sis quo fueris, non esse cur velis vivere*[114]. Mais ainda, os homens não se aposentam quando deveriam, nem o farão quando houver razão; mas ficam impacientes com a privacidade, mesmo quando idosos e doentes, o que exige a sombra: como os homens da cidade, que ainda irão se sentar na calçada de suas casas, expondo sua idade ao escárnio. Certamente grandes homens têm necessidade da opinião de outras pessoas para se sentirem felizes, pois se buscam por seu próprio sentimento, não o encontram. Mas se pensam de si mesmos aquilo que outros pensam deles e que os outros ficariam satisfeitos com o que eles são, então se sentem felizes como que por procuração, quando, talvez, interiormente, pensem o contrário. Pois são os primeiros a encontrar suas próprias aflições, mas

114 Quando você não é mais o que era, não há mais razão para viver (Cícero, Cartas aos Amigos, VII. 3-4).

são os últimos a achar suas próprias falhas. Certamente homens de grandes fortunas são estranhos para si mesmos e, enquanto se encontram entre os enigmas dos negócios, não têm tempo para cuidar de sua saúde, quer física, quer mental. *Illi mors gravis incubat, qui notus nimis omnibus, ignotus moritur sibi*[115]. Em seu cargo, há permissão para se fazer o bem e o mal, dos quais o último é uma maldição; porque do mal a melhor coisa é não o desejar; e a segunda melhor coisa é não o poder. Mas o poder para fazer o bem é o verdadeiro e legítimo objetivo da aspiração. Pois bons pensamentos, embora Deus os aceite, no que se refere aos homens são pouco melhores do que bons sonhos, exceto quando postos em prática e isso não pode ser feito sem o poder e a posição como condição e autoridade. O mérito e as boas obras são o objetivo da ação do homem e a consciência deles é a realização do seu repouso. Pois se o homem pode ser participante do teatro de Deus, ele, da mesma forma, será participante do descanso de Deus. *Et conversus Deus, ut aspiceret opera quae fecerunt manus suae, vidit quod omnia essent bona nimis*[116] e, depois, o sábado. No desempenho do cargo, estabeleça diante de si mesmo os melhores exemplos, pois a imitação é um mundo de preceitos. E depois de um tempo, estabeleça diante de si o próprio exemplo e examine-se estritamente para ver se fez o melhor desde o início. Não se esqueça também dos exemplos daqueles que se conduziram mal neste mesmo cargo; não para destacar-se ao reprovar sua memória, mas para que saiba o que evitar. Reforme, portanto, sem bravata ou escândalo em relação ao tempo e pessoas anteriores, mas estabeleça para si mesmo tanto criar bons precedentes, quanto segui-los. Reduza as coisas à primeira instituição e observe onde e como degeneraram. Mas peça conselhos de ambas as épocas: do tempo antigo, o que é melhor; e dos últimos tempos, o que é mais conveniente. Procure tornar o seu caminho regular, para que os homens possam saber de antemão o que podem esperar, mas não seja muito dogmático nem peremptório; e expresse-se bem ao se apartar de sua regra. Preserve o direito do seu cargo, mas não mexa

115 A morte cai pesadamente sobre o homem que, muito bem conhecido por outros, morre um estranho para si mesmo (Sêneca, *Thyestes*, 401-3).

116 E Deus olhou para as obras que suas mãos tinham feito e viu que eram todas muito boas (do Gênesis 1.31).

em assuntos de jurisdição e prefira assumir seu direito ao silêncio e *de facto* do que ficar fazendo reivindicações e desafios. Do mesmo modo, preserve os direitos dos cargos subalternos e pense que é mais honroso dirigir as coisas do que ocupar-se de tudo. Acolha e peça ajuda e conselhos em relação à execução do seu trabalho e não afaste, como intrometidos, aqueles que lhe trazem informação; mas os aceite de boa vontade. Os vícios da autoridade são principalmente quatro: demoras, corrupção, rudeza e facilidade. Para as demoras: dê livre acesso; mantenha os prazos designados; execute o que está à mão e não misture negócios, exceto por necessidade. Para a corrupção: não apenas amarre as suas próprias mãos e as de seus subordinados, mas também as dos solicitantes, pois a integridade usual é uma coisa, mas a integridade professada e com manifesta aversão ao suborno é outra, e evita não apenas a falha, mas também a suspeita. Aquele que é volúvel e manifestamente muda sem causa aparente, dá margem à suspeita de corrupção. Portanto, sempre que você mudar de opinião ou rumo, declare isso claramente junto com as razões que o levaram a mudar e nem pense em ocultá-las. Um subordinado ou um favorito, se íntimo, e se não houver nenhuma outra causa evidente de estima, é geralmente encarado como um caminho para a corrupção secreta. Para a rudeza: esta é uma causa desnecessária de descontentamento. A severidade dá origem ao temor; mas a rudeza, ao ódio. Mesmo as reprovações provenientes da autoridade devem ser sérias, não escarnecedoras. Quanto à facilidade, ela é pior do que o suborno, pois subornos aparecem ocasionalmente; mas, se a inconveniência ou indolência conduzem o homem, ele nunca os dispensará. Como disse Salomão: *Aquele que, quando julga, faz distinção de pessoas, não procede bem, pois tal homem transgredirá por um simples pedaço de pão*[117]. É bem verdade o que se dizia antigamente: *Um cargo revela o homem*[118]. E revela alguns para o melhor e alguns para o pior. *Omnium consensus capax imperii, nisi imperasset*, disse Tácito de Galba[119]; mas de Vespasiano ele disse: *Solus*

117 Provérbios 28.21.

118 Um ditado atribuído a, entre outros, Solon e Pitaco (dois dos Sete Sábios da Grécia).

119 Todos teriam pensando que ele se ajustava ao império – ele que nunca tinha sido imperador (*Histórias*, I.49).

impenratium Vespasianus mutatus in melius[120], embora o primeiro tivesse o significado de suficiência[121] e o segundo de conduta e afeição[122]. É sinal certo de um espírito merecedor e generoso aquele que a honra melhora. Porque a honra é, ou deveria ser, o lugar da virtude e como, na natureza, as coisas se movem violentamente para o seu lugar e calmamente permanecem nele, assim a virtude na ambição é violenta, e na autoridade é sólida e calma. Toda ascensão para um alto cargo se dá por uma escada tortuosa e, se há facções, é bom tomar partido enquanto se está subindo e equilibrar-se, quando já no cargo. Trate a memória de seu predecessor de maneira justa e delicada, pois, se não o fizer, essa dívida certamente será paga quando o seu tempo no cargo terminar. Se tiver colegas, chame-os quando eles não o procuram, em vez de evitá-los, quando há razão para serem chamados. Não seja muito sensível ou muito consciente de seu cargo nas conversas e respostas privadas a solicitantes; mas antes deixe que digam *Quando exerce o cargo, ele é um outro homem.*

---

120 Vespasiano foi o único imperador que o império mudou para melhor (*Histórias*, I.50).

121 Habilidade administrativa.

122 Moral e disposição.

12

DA OUSADIA

Texto: 1625

É um texto comum da gramática escolar, mas vale a consideração do homem sábio. A pergunta foi feita a Demóstenes[123]: *Qual o principal talento de um orador?* Ele respondeu: *Ação*. E depois? *Ação*. E depois ainda? *Ação*. Ele disse o que sabia, porém, não havia nenhuma vantagem em sua recomendação. Uma coisa estranha é a parte de um orador ser apenas superficial, e que é antes apenas a virtude de um ator, ser colocada tão acima daquelas outras partes nobres da invenção, elocução e o resto – não, quase só, como se fosse tudo. Mas a razão é clara. Geralmente há na natureza humana mais do tolo do que do sábio e, portanto, aquelas faculdades, pelas quais a parte tola da mente do homem é tomada, são mais poderosas. Maravilhoso é o caso da ousadia nos negócios civis. Qual o primeiro? *Ousadia*. E o segundo e terceiro? *Ousadia*. E, contudo, a ousadia é filha da ignorância e da vileza e muito inferior aos outros talentos. Porém, fascina e ata mãos e pés daqueles que são rasos de julgamento ou fracos de coragem, que constituem a maior parte; e, sim, prevalece nos homens sábios em tempos de fraqueza. Portanto, vemos que ela tem feito maravilhas nos Estados populares[124], mas menos em senados e principados; e sempre mais na primeira entrada em ação de pessoas ousadas do que logo após,

123 Orador grego, †322 a.C. Cícero fornece a resposta dele em *Sobre o Orador*, III. 56, e *Brutus*, XXXVIII.

124 Democracias.

pois a ousadia é má cumpridora de promessas. Certamente, enquanto houver charlatães para o corpo natural, também haverá charlatães para o corpo político[125]: homens que empreenderam grandes curas, e que talvez tenham tido sorte em um ou dois experimentos, mas desejam os fundamentos de ciência e, portanto, não resistem. Mais ainda, você verá um camarada ousado fazer muitas vezes o milagre de Maomé. Maomé fez o povo acreditar que ele chamaria uma montanha para perto de si e, do topo dela, faria suas orações para os observadores de sua lei. As pessoas se reuniram; Maomé chamou a montanha para perto dele e mais uma vez e mais outra e, quando a montanha permaneceu em seu lugar, ele não se envergonhou, mas disse: *Se a montanha não vem a Maomé, Maomé vai até a montanha.* O mesmo ocorre com os homens que prometem grandes coisas e falham vergonhosamente. Contudo, se possuem a perfeição da ousadia, não darão a menor importância ao fato e darão a volta por cima sem mais alvoroço. Certamente, para homens de grande discernimento, pessoas ousadas são um divertimento; e mais, também para o povo a ousadia tem algo de ridículo. Pois se o absurdo é motivo de riso, não duvide de que a ousadia tem algo de absurdo. É um divertimento a ser assistido, especialmente quando o camarada ousado não se contém, pois isso faz seu rosto se enrugar e lhe dá uma postura estúpida por necessidade, pois, no acanhamento, os espíritos ficam um pouco indecisos; mas com os homens ousados, em ocasião semelhante, eles permanecem num impasse, como num empate no jogo de xadrez, onde não há xeque-mate, mas o jogo não pode avançar. Mas este último é mais adequado a uma sátira do que a uma observação séria. Isso deve ser bem ponderado, porque a ousadia é sempre cega, pois não enxerga perigos e inconveniências. Assim, é ruim nas deliberações e boa na execução; de modo que o uso correto de pessoas ousadas é o de que elas nunca devem ser os comandantes, mas os subordinados e sob a direção de outros. Porque, na deliberação, é bom ver os perigos e, na execução, não vê-los, exceto quando são muito grandes.

125 Corpo do Estado.

13

DA BONDADE E DA BOA ÍNDOLE

Textos: MS, 1612, 1625

Para mim, a bondade tem o sentido do desejo do bem dos homens, que é aquilo que os gregos chamam de *filantropia,* e a palavra *humanidade* (como é usada) é muito leve para expressá-la. Chamo a bondade de hábito e a boa índole de inclinação. Esta, de todas as virtudes e dignidades da mente, é a maior, sendo o caráter da Divindade. Sem ela, o homem é uma coisa ativa, nociva e miserável, não melhor do que uma espécie de bicho daninho. A bondade corresponde à virtude teológica da caridade e admite todo excesso, exceto o erro. O desejo de poder em excesso causou a queda dos anjos; o desejo excessivo de conhecimento causou a queda do homem, mas, na caridade, não há excessos, nem pode o anjo ou o homem ficar em perigo por causa dela. A inclinação para a bondade está profundamente impressa na natureza do homem de tal maneira que, se não for dirigida aos homens, irá se voltar para outras criaturas vivas, como se vê com os turcos, um povo cruel, que, contudo, são bons para os animais e dão alimento para cães e pássaros. Como relata Busbéquio[126], um menino cristão, em Constantinopla, foi apedrejado por ter amordaçado, por brincadeira, uma ave de bico longo. De fato, erros podem ser cometidos na virtude da bondade ou

---

126 Acadêmico e embaixador flamengo na Turquia, †1592. A versão de Bacon do incidente difere da de Busbéquio em vários detalhes: no original, um ourives veneziano e não um garoto cristão; o pássaro possuía bico curto com uma abertura enorme e não havia menção ao apedrejamento. Na versão latina do ensaio, Bacon segue Busbéquio mais exatamente.

caridade. Os italianos têm um provérbio: *Tanto buono che val niente*, ou seja: *Tão bom, que não vale nada*. E um dos doutores da Itália, Nicolau Maquiavel, teve a confiança de pôr no papel, quase em termos claros, que *a fé cristã tinha desistido dos homens bons em troca por aqueles que são tirânicos e injustos*[127]. Ele disse isso porque não havia lei, seita ou opinião que aumentasse tanto a bondade como faz a religião cristã. Portanto, para evitar tanto o escândalo quanto o perigo, é bom conhecer os erros de um hábito tão excelente. Procure o bem dos outros homens, mas não seja escravo de seus semblantes ou concepções, pois isso é apenas complacência ou fraqueza, o que aprisiona a mente honesta. Nem dê uma pedra preciosa ao galo de Esopo, que ficaria mais feliz se recebesse uma espiga de cevada[128]. O exemplo de Deus ensina verdadeiramente a lição: *Ele enviou sua chuva e fez seu sol brilhar sobre justos e injustos*[129]; mas ele não fez chover riquezas nem brilhar a honra e as virtudes sobre os homens igualmente. Os benefícios comuns devem ser compartilhados por todos; mas benefícios peculiares por escolha. E, ao fazer o retrato, tome cuidado para não quebrar o padrão, pois a divindade faz do amor-próprio o padrão e o amor ao próximo apenas o retrato. *Venda tudo o que possui e dê aos pobres, e me siga*[130], mas não venda tudo o que você tem se não for para me seguir, isto é, exceto se você tiver a vocação pela qual pode fazer o bem tanto com poucos recursos, quanto com os grandes, porque, de outro modo, ao alimentar os riachos, estará secando a fonte. Não existe um hábito de bondade dirigido pela correta razão, mas há, em alguns homens, e mesmo na natureza, uma disposição para ela, como, por outro lado, existe uma maldade natural. Pois há algo em sua natureza que não deseja o bem dos outros. A espécie mais leve de malignidade é o mau humor ou insolência ou aptidão para contrariar

---

127 Em seus *Discursos*, II.2, Maquiavel diz que a ênfase na humildade e altruísmo torna os cristãos fracos e efeminados e presa dos perversos. Mas, depois, ele continua – e Bacon não fala disso – dizendo que tal visão do ensinamento cristão é errada, porque, de fato, ela permite aos homens amar e honrar seu país e defenderem a si mesmos.

128 Ver Fedro, *Fábulas*, III, 12.

129 Mateus 5-45.

130 Marcos 10.21.

ou dificultar as coisas. Mas o tipo mais profundo é a inveja e a injúria. Esses homens, nas calamidades dos outros homens, ficam, como sempre, mais felizes, aumentando o fardo dos outros: não para o bem, como os cães que lamberam as chagas de Lázaro[131], mas como moscas que estão sempre zumbindo sobre qualquer coisa crua; os *misantropos*, que tornam sua a prática de levar os homens à forca e, contudo, não têm nunca uma árvore para tal propósito em seus jardins, como Timon possuía[132]. Tais disposições constituem os verdadeiros erros da natureza humana e, não obstante, são o vigamento mais apropriado para se fazer grandes políticos, como a viga inclinada, que é boa para navios, que são construídos para balançar, mas não para a construção de casas, que precisam permanecer firmes. As partes e sinais da bondade são muitos. Se um homem for amável e cortês com estrangeiros, isso mostra que é um cidadão do mundo e que seu coração não é uma ilha separada de outras terras, mas um continente que as aglutina. Se tiver compaixão das aflições dos outros, mostra que seu coração é como a árvore nobre, que é ferida ao fornecer o bálsamo. Se facilmente perdoa e cancela as ofensas, mostra que sua mente encontra-se acima das injúrias, de modo que ele não pode ser atingido. Se for grato pelos pequenos benefícios, mostra que avalia a mente dos homens e não as suas bobagens. Mas, acima de tudo, se ele tiver a perfeição de S. Paulo, que desejaria ser um *anátema* por Cristo para a salvação de seus irmãos[133], mostra muito de uma natureza divina e uma espécie de conformidade com o próprio Cristo.

---

131 Ver Lucas 16.19-21.

132 Timon de Atenas, conhecido como o Misantropo, anunciou que, já que cortaria uma árvore de seu jardim, na qual muitos tinham se enforcado, os prováveis suicidas deveriam usá-la uma vez.

133 Em Romanos 9.3, São Paulo escreve: "Porque eu mesmo desejava ser separado de Cristo por amor de meus irmãos, meus parentes pela raça".

14

DA NOBREZA

Textos: MS, 1612, 1625

Trataremos da nobreza, primeiro, como uma parte de um Estado; depois, como uma condição de determinadas pessoas. Uma monarquia em que não existe nenhuma nobreza é sempre uma pura e absoluta tirania, como aquela dos turcos. Porque a nobreza modera a soberania e atrai os olhares do povo, afastando-os um pouco da linhagem real. Mas, nas democracias, ela não é necessária e são, geralmente, mais tranquilas e menos sujeitas à sedição do que onde há estirpes de nobres. Pois os olhos dos homens voltam-se para os negócios e não para as pessoas; ou, se sobre as pessoas, é por causa dos negócios, como mais adequado, e não para bandeiras e linhagens. Vemos como os suíços vivem bem, não obstante sua diversidade de religião e de cantões. Pois a utilidade é o seu elo e não as deferências. As Províncias Unidas dos Países Baixos possuem governo excelente, porque onde há igualdade, as consultas são mais imparciais e os pagamentos e tributos mais suaves. Uma nobreza grande e poderosa adiciona majestade a um monarca, mas diminui seu poder; e acrescenta vida e espírito às pessoas, mas reduz sua fortuna. É bom quando os nobres não são muito poderosos em relação à soberania e à justiça e ainda sejam mantidos em sua posição, quando a insolência dos inferiores pode ser quebrada sobre eles, antes que venha muito rápido sobre a majestade dos reis. Uma nobreza numerosa causa a pobreza e a inconveniência em um Estado, porque constitui uma sobrecarga de despesas; e, além disso, já que muitos nobres, com o tempo, empobrecem, ocorre uma espécie de desproporção entre honra e meios.

Quanto à nobreza de determinadas pessoas, é algo venerável ver uma construção ou um castelo antigo bem conservado. Ver uma árvore de madeira de lei sadia e perfeita é como ver uma antiga família nobre, que resistiu às ondas e intempéries do tempo. Pois a nova nobreza é apenas o ato de poder; mas a antiga nobreza é o ato do tempo. Aqueles que primeiro elevaram-se à nobreza são geralmente mais virtuosos, mas menos inocentes do que seus descendentes – porque raramente há alguma ascensão a não ser pela mistura de boas e más artes. Mas é razoável que a memória de suas virtudes permaneça para a posteridade e que suas falhas morram com eles. A nobreza de nascimento geralmente amortece o trabalho e aquele que não é laborioso inveja quem o é. Além disso, pessoas nobres não podem subir muito mais e aquele que permanece em um patamar, enquanto outros sobem, dificilmente pode evitar sentimentos de inveja. Por outro lado, a nobreza extingue a inveja passiva dos outros, porque tem a posse da honra[134]. Certamente reis que possuem homens capazes em sua nobreza acharão fácil empregá-los, para dar melhor andamento aos negócios, porque as pessoas naturalmente se curvam a eles, como se tivessem nascido para comandar.

134 i.e.: Se um homem nasceu com um título, a inveja latente que poderia surgir nos homens de escalões inferiores se extingue; mas a inveja é atiçada em homens que não conseguiram ascender em relação àqueles que ganham tais títulos em vez de herdá-los.

15

DAS SEDIÇÕES E DESORDENS

Textos: MS, 1625

Pastores de pessoas precisam conhecer os calendários de tempestades no Estado, que são comumente maiores quando as coisas caminham para a igualdade, assim como as tempestades naturais são maiores perto dos equinócios. E como há rajadas ocas de vento e secretas ondas volumosas dos mares antes de uma tempestade, o mesmo ocorre no Estado:

> *Ille etiam caecos instare tumultus*
> *Saepe Monet, fraudesque ET operta tumescere bella.*[135]

Libelos e discursos licenciosos contra o Estado, quando frequentes e abertos, e (do mesmo modo) as falsas notícias que correm de cima abaixo, frequentemente para a desvantagem do Estado e são apressadamente abraçadas, estão entre os sinais de desordens. Virgílio, fornecendo a linhagem da Fama, diz: *Ela era irmã dos gigantes.*

135 Ele (o sol) frequentemente também nos avisa que escuras rebeliões ameaçam, que a traição e guerras ocultas estão amadurecendo (Virgílio, *Georgics* I. 464-5).

Illam Terra parens, ira irritata deorum,
Extremam (ut perhibent) Coeo Enceladoque sororem
Progenuit.[136]

Como se a fama fosse relíquia de sedições passadas. Mas, de fato, são nada mais do que prelúdios de sedições futuras. De qualquer modo, ele observa corretamente que os tumultos e famas sediciosos diferem tanto quanto irmão e irmã, masculino e feminino, especialmente se chegar a isso: que as melhores ações de um Estado, e as mais plausíveis, e que devem produzir contentamento maior, são tomadas e traduzidas em mau sentido, porque isso mostra grande inveja, como diz Tácito: *Conflata magna invidia, seu bene seu male gesta premunt*[137]. Nem segue que, por serem essas famas sinal de desordens, a supressão destes com muita severidade deva ser o seu remédio. Porque desprezá-las muitas vezes melhor as detém e procurar refreá-las apenas prolonga a sua vida. Também a espécie de obediência, da qual Tácito fala, deve ser tida como suspeita: *Erant in officio, sed tamen qui mallent mandata imperantium interpretari, quam exequi.*[138] Disputas, desculpas, intrigas sobre mandatos e orientações, tudo é uma forma de livrar-se do jugo e um ensaio de desobediência, especialmente se nessas disputas aqueles que são a favor das orientações falam temerosa e timidamente, e aqueles que são contra elas, audaciosamente.

Também, como Maquiavel bem observa, quando os príncipes, que deveriam ser pais de todos, tomam partido e apoiam um lado, é como um barco que se encontra desequilibrado pela colocação de um peso maior em um dos lados[139], como se viu bem nos tempos de Henrique III, da França. Porque, primeiro, fez uma aliança para o

136 Ela, a mãe Terra, furiosa com os deuses, deu à luz a irmã mais jovem de Coeo e Enceladus (*Eneida*, IV.178-80.

137 Uma vez surgida a inveja, boas ações são tão menosprezadas quanto as más (de *Histórias*, I.7).

138 Eles permanecem leais, ainda que mais rapidamente questionem as ordens de seus comandantes do que os obedeçam (de *Histórias*, II.39).

139 Ver Maquiavel, *Discursos*, III.27.

extermínio dos protestantes[140] e, depois, viu a mesma aliança voltar-se contra ele. Pois quando a autoridade dos príncipes se torna apenas um acessório para uma causa e há outros vínculos que prendem mais rápido do que o vínculo da soberania, os reis começam quase a ser expulsos de seus domínios.

Também, quando discórdias e disputas e facções são conduzidas aberta e audaciosamente, é sinal de que a reverência ao governo está perdida. Pois os movimentos das pessoas mais importantes em um governo devem ser como os movimentos dos planetas sob o *primum móbile*, segundo uma antiga opinião[141], que é aquela em que cada um deles é levado rapidamente pelo movimento mais elevado, e suavemente em seu próprio movimento. E, portanto, quando os que são importantes em seu próprio movimento particular movem-se violentamente e, como Tácito bem expressa isso, *liberius quam ut imperantium meminissent*[142], é sinal de que as órbitas estão fora de ordem. Porque reverência é o cinto pelo qual os príncipes são ligados a Deus, que ameaçou dissolvê-lo: *Solvam cingula regum*[143].

Assim, quando qualquer um dos quatro pilares do governo [a religião, a justiça, o conselho e o tesouro] encontra-se muito abalado ou enfraquecido, os homens precisam rezar por bom tempo. Mas passemos desta parte das predições (em relação às quais, não obstante, mais luz pode ser obtida do que o que se segue), e falemos, primeiro, dos materiais das sedições; depois, de seus motivos e, em terceiro lugar, dos remédios.

---

140 A Sagrada Aliança foi formada na França, em 1575, para defender a fé católica e esmagar os protestantes. Henrique III, inicialmente, deu o seu apoio, mas, no final, rompeu tal aliança (causando o assassinato de seu líder Henrique de Guise). Por causa disso ele foi expulso de Paris em 1588.

141 i.e.: A teoria (conhecida como Sistema Ptolomaico) de que a Terra estava dentro de um conjunto de nove esferas cristalinas maciças, cada uma bem ajustada à outra e movida pela esfera acima dela. Supunha-se que outra esfera ao redor delas, o *primum móbile*, girava ao redor da Terra em vinte e quatro horas e para comunicar seu movimento aos céus inferiores, ou esferas, que continham os planetas.

142 Mais livremente do que era compatível em relação aos seus regentes (de *Anais*, III.4).

143 Vou desamarrar os cintos dos reis (Isaías, 45.1).

Em relação aos materiais de sedições, isso é algo a ser bem considerado, pois a maneira mais segura de se prevenir sedições (se os tempos o permitirem) é privá-las de sua substância. Porque, se há combustível preparado, é difícil saber quando virá a centelha que o incendiará. A matéria das sedições é de dois tipos: muita pobreza e muito descontentamento. O certo é que, quando há muitos Estados arruinados, há muitos votos para as desordens. Lucano observou bem o Estado Romano antes da guerra civil:

Hinc usura vorax, rapidumque in tempore foenus,
Hinc concussa fides, et multis utile bellum.[144]

Este mesmo *multis utile bellum*[145] é sinal certo e infalível de um Estado tendente à sedição e às desordens. E se a essa pobreza e Estado falido, na melhor das sortes, se juntarem o desejo e a necessidade de pessoas desprezíveis, o perigo é grande e iminente. Pois as rebeliões da barriga são as piores. Quanto aos descontentamentos, eles estão no corpo político como os tumores estão no corpo natural, e estão aptos a uma febre sobrenatural e a inflamações. E que nenhum príncipe meça seu perigo por isso, sejam eles justos ou injustos: o de imaginar as pessoas como sendo muito razoáveis, a ponto de frequentemente desprezarem o próprio bem; nem mesmo por isso: sejam, de fato, as desgraças pelas quais se insurgem grandes ou pequenas. Porque constituem os descontentamentos mais perigosos, onde o medo é maior do que o sentimento. *Dolendi modus, timendi non item*[146]. Além disso, em grandes opressões, as mesmas coisas que provocam a paciência subjugam a coragem; mas com o medo não é assim. Que nenhum príncipe ou Estado esteja seguro em relação aos descontentamentos, por serem frequentemente, ou terem sido por longo tempo isentos de perigo. Pois assim como é verdade que nem todo vapor ou fumaça se transforma em tempestade, também é verdade que as tempestades

144 Daí vem a usura devoradora e a ganância do dia do ajuste de contas; daí foi o crédito abalado e a guerra lucrativa para muitos (*A Guerra Civil*, I.181-2).

145 Lucro na guerra para muitos.

146 Há um limite para o sofrimento, mas nenhum para o medo (Plínio, *Cartas*, VIII.17.6).

podem amainar diversas vezes; contudo podem, no final, desabar; e como bem observa o provérbio espanhol, *A corda, no final, arrebenta do lado mais fraco.*

As causas e motivos das sedições são: inovação na religião, impostos, alteração de leis e costumes, quebra de privilégios, opressão geral, avanço de pessoas sem mérito, escassez, soldados debandados, facções que se tornam desesperadas e tudo aquilo que, ao ofender as pessoas, une e entrelaça-as em uma causa comum.

Quanto aos remédios, pode haver algumas precauções gerais, das quais trataremos. Assim como na cura apropriada, que deve corresponder a uma determinada doença, esta fica mais em nível de conselho do que de regra.

O primeiro remédio ou prevenção é remover, por todos os meios possíveis, a causa da sedição de que falamos, que é a carência e a pobreza no Estado. Para este propósito, servem: a abertura de um comércio bem equilibrado; o fomento das indústrias, o banimento da inatividade, a repressão do desperdício e dos excessos por meio de leis suntuárias, a melhoria e poupança do solo, a regulamentação dos preços de coisas vendáveis, a moderação de taxas e tributos e coisas semelhantes. Geralmente, é preciso que a população de um reino (especialmente se não foi ceifada por guerras) não exceda os recursos que o reino tem para mantê-la. Também a população não deve ser considerada apenas pelos números, porque um número menor, mas que gasta mais e ganha menos, esgota um Estado mais rápido do que um número maior, que vive mais simplesmente e ganha mais. Portanto, a multiplicação da nobreza e outros graus de qualidade, em proporção maior do que o das pessoas comuns, leva rapidamente um Estado à escassez. Do mesmo modo, um clero numeroso, pois não contribuem em nada com a produção e, de maneira semelhante, quando há mais acadêmicos do que colocações para eles.

Também é preciso lembrar que, visto que o crescimento de um Estado se dá às custas de outro Estado (pois tudo o que é obtido em algum lugar deve ser gasto em outro), há apenas três coisas que uma nação pode vender a outra: o produto como a natureza o fez, a manufatura e o transporte ou carreto. De modo que, se essas três rodas girarem, a riqueza fluirá como de uma fonte. E ocorre muitas vezes que aquele *materiam superabit opus*[147], ou seja, o trabalho e o transporte têm mais valor do que o produto e enriquecem mais um Estado, como notavelmente se vê nos Países Baixos, que possuem as melhores minas a céu aberto do mundo.

Acima de tudo, deve se fazer uso da boa política, de modo que o tesouro e as moedas de um Estado não estejam em poucas mãos. Pois, de outro modo, um Estado pode ter um grande estoque e ainda passar fome. E o dinheiro é como o estrume: não é bom, exceto se for espalhado. Isso é feito principalmente pela supressão ou pelo menos a manutenção de mão forte sobre os negócios devoradores como a usura, os monopólios, grandes terras agricultáveis transformadas em pastagens e coisas semelhantes.

Para acabar com os descontentamentos, ou pelo menos com o perigo que representam, há em todo Estado (como sabemos), espécies de indivíduos, a nobreza e a plebe. Quando uma delas está descontente, o perigo não é grande, pois as pessoas comuns se movem mais lentamente, se não forem incitadas por uma classe mais elevada; esta, porém, tem pouca força, exceto se a multidão estiver apta e pronta para se mover por si mesma. Eis, então, o perigo: quando a classe mais elevada apenas espera pelo agitar das águas das classes inferiores, para então se declararem. Os poetas fingem que o resto dos deuses teria prendido Júpiter, que, ouvindo isso, a conselho de Palas, pediu a Briareu que, com suas cem mãos, viesse ajudá-lo[148]. Um emblema, sem dúvida, para mostrar quão seguro é para os monarcas se certificarem da boa vontade das pessoas comuns.

Dar liberdade moderada para que os pesares e descontentamentos evaporem (e que assim seja sem grande insolência ou valentia) é uma maneira segura. Porque aquele que reprime os humores e faz a ferida sangrar para dentro arrisca-se a produzir úlceras malignas e abscessos perniciosos.

O papel de Epimeteu poderia bem se tornar o de Prometeu, no caso dos descontentamentos, porque não há uma melhor provisão contra

147 O trabalho do homem ultrapassará o material (Ovídio, *Metamorfoses*, II.5).

148 O monstro Briareu ajudou Zeus (ou Júpiter) a acabar com a rebelião dos deuses. Segundo Homero, porém, foi a deusa Tetis, e não Palas Atena que aconselhou Zeus a enviá-lo.

eles[149]. Epimeteu, quando as aflições e males vieram à tona no final, fechou a tampa e manteve a esperança no fundo do vaso. Certamente a política e o oferecimento de alimentação artificial de esperanças, levando os homens de esperança em esperança, são um dos melhores antídotos contra o veneno dos descontentamentos. E é sinal certo de um governo e um procedimento sábios, a manutenção da esperança no coração dos homens, quando não se pode satisfazê-los e quando se pode lidar com as coisas de uma maneira na qual nenhum mal parecerá tão peremptório se houver alguma esperança como saída. Isso é menos difícil de fazer, porque tanto pessoas quanto facções estão suficientemente aptas a se iludirem ou pelo menos enfrentarem aquilo em que elas não acreditam.

Também prever e prevenir a existência de uma cabeça à qual os descontentes possam recorrer e sob a qual se reunir é uma excelente maneira de se acautelar. Entendo que uma cabeça preparada, que tenha grandeza e reputação e a confiança dos descontentes e para quem estes voltam seus olhos e considerada como descontente também em seus próprios assuntos, é aquela a ser vencida e reconciliada com o Estado e isso de maneira firme e verdadeira, ou então confrontada por alguma outra da mesma facção e que possa se opor a ela e assim dividir a reputação. Geralmente, a divisão e a quebra de todas as facções e combinações adversas ao Estado, mantendo-as à distância, ou pelo menos fazendo com que desconfiem umas das outras, não são os piores remédios. Porque é um caso desesperador, quando aqueles que mantêm os procedimentos do Estado encontram-se cheios de discórdia e facções e aqueles que estão contra eles estão inteiros e unidos.

Tenho observado que alguns discursos mordazes e afiados, feitos por príncipes, atearam fogo às sedições. O próprio César causou muita mágoa com aquele discurso *Sulla nescivit litteras, non potuit dictare*[150],

---

149 Epimeteu abriu a caixa que Pandora lhe oferecera e à qual seu irmão, Prometeu, tinha anteriormente declinado. Em *A Sabedoria dos Antigos*, Bacon diz que os irmãos representam as duas condições da vida: "os seguidores de Epimeteu são os imprudentes, que não cuidam do futuro", enquanto os seguidores de Prometeu são "os sábios e a classe de homens previdentes".

150 Sulla desconhecia as letras; não poderia ditar (Suetônio, *Júlio César*, 77). Há aqui um trocadilho sobre *ditar*: escrever as letras, mas também "ser um ditador".

porque cortou a esperança que os homens tinham entretecido de que ele, uma hora ou outra, desistiria de sua ditadura. Galba não se fez por causa daquele discurso: *Legi a se militem, non emi*[151], porque tirou dos soldados a esperança de pagamento. Da mesma forma, Probo, por *Si vixero, non opus erit amplius Romano império militibus*[152], um discurso de grande desespero para os soldados. E muitos outros. Certamente os príncipes, em assuntos delicados e tempos incertos, precisam ter cuidado com o que falam, especialmente naqueles discursos curtos, que se espalham como dardos e são tidos como demonstrações de suas intenções secretas. Quanto aos discursos longos, são tediosos e não muito notados.

Finalmente, que os príncipes, em todos os eventos, estejam acompanhados por alguma grande pessoa, uma ou mais, de valor militar, para que as sedições sejam reprimidas em seu início. Porque sem isso, costuma haver mais trepidação na corte quando irrompem as desordens do que seria apropriado. E o Estado corre o risco daquilo que Tácito disse: *Atque is habitus animorum fuit, ut pessimum facinus auderent pauci, plures vellent, omnes paterentur*[153]. Mas que tais militares sejam pessoas de confiança e de boa reputação, e não aquelas facciosas e populares, e que também tenham boa correspondência com outros grandes homens do Estado, senão o remédio torna-se pior do que a doença.

---

151 Que seus soldados foram convocados, não comprados (Tácito, *Histórias*, I.5).

152 Se eu viver, o Império Romano não terá mais necessidade de soldados (de Vopisco, *Probo*, 20).

153 E tal era o estado de sentimento, que essa façanha execrável foi tentada por alguns, desejada por muitos e tolerada por todos (*Histórias*, I.28).

16

DO ATEÍSMO

Textos: MS, 1612, 1625

Preferiria acreditar em todas as fábulas da Lenda[154], e do Talmude[155], e do Alcorão[156] do que crer que esta estrutura universal não possui uma inteligência[157]. E, portanto, Deus nunca precisou de milagre para refutar o ateísmo, porque suas obras comuns o convencem. É verdade que uma filosofia rasa inclina a mente dos homens para o ateísmo, mas a profundidade na filosofia traz a mente dos homens para a religião, pois, enquanto a mente do homem olha com respeito para causas secundárias dispersas, pode algumas vezes permanecer nelas e não ir adiante, mas quando observa o seu encadeamento, confederado e unido, necessariamente voa para a Providência e a Divindade[158]. Mais ainda, mesmo a escola que é mais acusada de ateísmo é a que demonstra mais

154 A Lenda Dourada, uma coleção das vidas dos santos, do séc. XIII, escrita por Jacobus de Voragine. Ela inclui as mais forçadas histórias.

155 Compilação das leis judaicas.

156 O Corão, livro sagrado dos maometanos.

157 Na época de Bacon, um ateu não era necessariamente alguém que negava a existência de Deus, mas alguém que identificava os princípios criadores do universo com Deus.

158 Em *O Avanço do Aprendizado,* I.1.3, Bacon escreve que é certo "que Deus só age por causas secundárias". Deus é a Causa Primeira, como o homem compreenderá se seguir qualquer sequência, ou *cadeia,* de segundas causas (tão opostas em relação a elas quanto *dispersas* ou não relacionadas).

a religião. É a escola de Leucipo, Demócrito e Epicuro[159]. Porque é mil vezes mais crível que quatro elementos mutáveis e uma quintessência imutável[160], exata e eternamente colocada, não precisam de Deus mais do que um exército de infinitas partículas ou sementes[161] dispersas devam ter produzido esta ordem e beleza sem um guia divino. As Escrituras dizem *O tolo disse, em seu coração, que Deus não existe*[162]; mas não dizem *O tolo pensou em seu coração*. Assim, ele fica dizendo isso a si mesmo até o aceitar, mais do que pode verdadeiramente acreditar ou ser persuadido disso. Porque ninguém nega que há um Deus, exceto aqueles que fingem que não havia um Deus. Parece que o ateísmo está mais na boca do que no coração do homem, nada mais do que isso: os ateus sempre expressarão sua opinião, como se interiormente fossem fracos e precisassem ser fortalecidos pela aprovação alheia. Ainda mais: você verá os ateus lutarem para conseguir discípulos, como o fazem outras seitas. E, o que é mais importante, você verá que alguns deles estarão dispostos a sofrer pelo ateísmo e não o abjurarem. Se eles realmente acreditam que Deus não existe, por que deveriam se preocupar? Epicuro é acusado de ser dissimulado, para salvar sua credibilidade, por afirmar que existiam naturezas abençoadas, mas que se autodesfrutavam, sem ter relação com o governo do mundo. Por isso é que dizem que ele contemporizara, embora interiormente pensasse que Deus não existia. Mas certamente ele se desacreditou, pois suas palavras são nobres e divinas: *Non deos vulgi negare profanum, sed vulgi opiniones diis applicare profanum*[163]. Platão não teria dito melhor. E, embora ele tenha a confiança de negar o governo, não teve o poder de negar a natureza. Os índios do Ocidente têm nomes para os seus deuses

---

159 Filósofos dos séculos V e VI a.C, que sustentavam que o universo era formado de átomos, que se reuniram por acaso, não pela vontade de um criador.

160 Aristóteles, em contradição à teoria atômica, achava que a Terra era formada por quatro elementos mutáveis (terra, água, fogo e ar) e que os céus eram compostos por um quinto elemento imutável: a quintessência.

161 Átomos.

162 Salmos 14.1 e 53.1.

163 Não é profano negar a existência dos deuses das pessoas. Profano é atribuir a eles o que as pessoas acreditam deles (Diógenes Laércio, *Vidas de Filósofos Eminentes*, X.123).

particulares, embora não tenham qualquer nome para Deus, como se os pagãos tivessem os nomes para Júpiter, Apolo, Marte, etc., mas não a palavra *Deus* – o que mostra que mesmo esses povos bárbaros tiveram a noção, ainda que não tivessem latitude e extensão. De modo que, contra os ateus, verdadeiros selvagens alinham-se com os filósofos mais sutis. O ateu contemplativo é raro: um Diágoras[164], um Bion[165], um Luciano[166] talvez e alguns outros. Contudo, eles parecem ser mais do que são, porque todos aqueles que impugnam uma religião aceita ou uma superstição são rotulados, pelos adversários, como ateus. Mas os grandes ateus são, de fato, hipócritas, porque estão sempre manipulando coisas sagradas, mas sem sentimento, como se precisassem ser cauterizadas no final. As causas do ateísmo são as divisões na religião, se forem muitas, pois uma divisão principal acrescenta zelo a ambos os lados; mas muitas divisões introduzem o ateísmo. Outra causa é o escândalo entre os sacerdotes, quando se chega ao que disse São Bernardo: *Non est iam dicere, ut populus sic sacerdos; quia nec sic populus ut sacerdos*[167]. Uma terceira é o costume do escárnio profano em questões religiosas, o que vai pouco a pouco desfazendo a reverência à religião. E finalmente, os tempos instruídos, especialmente quando há paz e prosperidade, porque as preocupações e adversidades fazem a mente dos homens se curvarem mais à religião. Aqueles que negam a Deus destroem a nobreza do homem, pois certamente o homem tem parentesco com os animais por seu corpo e, se não fosse aparentado de Deus pelo espírito, seria uma criatura abjeta e ignóbil. Do mesmo modo, destrói a magnanimidade e a elevação da natureza humana. Tome como exemplo um cão e observe quanta generosidade e coragem ele terá, quando é bem tratado por um homem, que, para ele, tem a função de um deus ou *melior natura*[168]; cuja coragem é aquela que

164 Poeta grego do séc. V d.C. Renomado por seu ateísmo, ele deixou Atenas para evitar ser punido por suas irreverências.

165 Filósofo grego, séc. III a.C.

166 Sátiro grego, séc. II d.C.

167 Não se pode mais dizer "como o povo é, assim o sacerdote", mas antes "como o povo é, assim o sacerdote não é" (i.e.: porque as pessoas são melhores do que os sacerdotes).

168 Uma natureza melhor (de Ovídio, *Metamorfoses*, I.21).

manifestadamente tal criatura nunca alcançaria sem a confiança em uma natureza melhor do que a sua. Assim o homem, quando se assegura e põe-se sob o favor e a proteção divina, reúne uma força e uma fé que a natureza humana em si mesma não conseguiria obter. Portanto, como o ateísmo é, em todos os aspectos, odioso, ele priva a natureza humana dos meios para se elevar acima da fragilidade humana. E como acontece com as pessoas, assim com as nações. Nunca houve tal estado de magnanimidade como em Roma; desse estado ouvimos o que diz Cícero: *Quam volumus cicet, patres conscripti, nos amemus, tamen Nec numero Hispanos, Nec robore Gallos, Nec calliditate Poenos, Nec artibus Graecos, Nec denique hoc ipso huius gentis ET terrae domestico nativoque sensu Italos ipsos ET Latinos; sed pietate, AC religione, atque hoc uma sapientia, quod deorum immortalium numine omnia regi gubernarique perspeximus, omnes gentes nationesque superavimus*[169].

169 Podemos nos orgulhar de nós mesmos, Senadores; contudo, não podemos nos equiparar aos espanhóis em número, nem aos gauleses em força física, nem aos cartagineses em astúcia, nem aos gregos na arte, nem de fato aos nossos próprios italianos e latinos no bom-senso nativo característico desta terra e nação. Mas em nossa piedade e em nossa religião e em nosso reconhecimento da grande verdade de que todas as coisas são regidas e ordenadas pela vontade divina dos deuses imortais – nestas coisas ultrapassamos todos os povos e nações (*Um Discurso relativo à Resposta dos Adivinhos*, IX. 19).

17

DA SUPERSTIÇÃO

Textos: MS, 1612, 1625

Seria melhor não ter opinião alguma de Deus a ter uma opinião indigna dele, porque uma é incredulidade e a outra é ofensa; e certamente a superstição é a exprobração da Divindade. Plutarco disse bem a este propósito: *Certamente preferiria que muitos grandes homens dissessem que não existia nenhum homem chamado Plutarco do que dissessem que existia um Plutarco que comeria seus filhos logo que nascessem*[170], como os poetas falam de Saturno[171]. E como a ofensa é maior em relação a Deus, assim é maior o perigo em relação aos homens. O ateísmo abandona o homem aos sentidos, à filosofia, à piedade natural, às leis, à reputação; tudo o que pode servir de guia a uma virtude moral externa, embora não seja religião. Mas a superstição desmonta tudo isso e constrói uma monarquia absoluta nas mentes dos homens. Portanto, o ateísmo nunca perturbou os Estados, porque torna os homens cautelosos, como se não olhassem mais além. E vemos que os tempos voltados para o ateísmo (como na época de Augusto César) eram tempos civis[172]. Mas a superstição tem sido a confusão de muitos Estados e produz um novo *primum mobile*, que arrebata todas as esferas de

170 Derivado de *Superstição, 10 (Moralia, 169-70)*, em que Saturno não é mencionado.

171 Dizia-se que Saturno, um dos deuses mais antigos, comeu todos os seus filhos exceto Júpiter, que foi substituído por uma pedra.

172 Ordeiros, livres de tumulto.

governo. O mestre da superstição é o povo e em toda superstição os sábios seguem os tolos, e argumentos são colocados em prática, em uma ordem invertida. Foi dito gravemente por alguns prelados, no Concílio de Trento[173], onde a doutrina dos escolásticos[174] revelava grande oscilação, *que os escolásticos eram como os astrônomos, que inventavam excêntricas, epiciclos e mecanismos de órbitas, para salvar os fenômenos, embora soubessem que tais coisas não existiam*[175] e de maneira semelhante tinham concebido uma série de teoremas e axiomas intricados e sutis para salvar a prática da igreja. As causas de superstição são: ritos e cerimônias sensuais e agradáveis; excesso de santidade farisaica e externa; reverência excessiva às tradições, que podem apenas sobrecarregar a igreja; os estratagemas dos prelados por sua própria ambição e lucro; favorecimento excessivo de boas intenções, que abrem a porta às fantasias e inovações; tratar assuntos divinos como humanos, o que consegue apenas misturar os conceitos; e finalmente os tempos bárbaros, especialmente quando ligados a calamidades e desastres. Superstição sem véu é coisa deformada, pois, da mesma forma que se deforma um macaco para torná-lo semelhante ao homem, assemelhar a superstição à religião torna-a mais deformada. E do mesmo modo que a carne sadia é corrompida por pequenos vermes, boas formas e ordens se corrompem em uma série de observâncias mesquinhas. Há a superstição de se evitar superstição, quando os homens pensam que estão fazendo o melhor ao se afastarem da superstição formalmente recebida. Portanto, é bom tomar cuidado para que (como se faz nas expurgações em doentes) o bem não seja eliminado junto com o mal, o que comumente acontece quando o povo é o reformador.

---

173 Conferência religiosa realizada em 1545, para opor as doutrinas protestantes e as católicas estabelecidas.

174 Filósofos e mestres medievais nas universidades, que buscavam regulamentar as doutrinas da Igreja Cristã segundo as regras da lógica aristotélica.

175 Como se tornou óbvio que a simples astronomia ptolomaica (a teoria das esferas concêntricas girando ao redor da Terra) não poderia ser levada em conta nos novos fenômenos observados, os astrônomos inventaram explicações elaboradas para que os fatos se ajustassem à visão recebida (ou *salvar os fenômenos*). Eles reivindicavam, entre outras coisas, que os planetas se moviam em órbitas excêntricas ou em epiciclos.

18

DAS VIAGENS

Texto: 1625

Viajar na juventude é parte da educação; na velhice, é parte da experiência. Aquele que viaja para um país sem algum conhecimento do idioma, vai estudar e não viajar. Aprovo totalmente que os jovens viagem com algum tutor ou criado sério, de modo que tenha alguém que conheça o idioma e tenha estado no país anteriormente, para que seja capaz de dizer a estes jovens o que vale a pena ser visto no país que visitarão, que conhecimentos devem buscar, que lições ou aprendizado o lugar permite. Senão os jovens irão vendados e verão pouco. É estranho que, nas viagens marítimas, em que não há nada a ser visto exceto céu e mar, os homens façam diários; mas, nas viagens por terra, onde há tanto a ser observado, a maioria deles o omite, como se o acaso se ajustasse melhor ao registro do que a observação. Portanto, usem seus diários. As coisas a serem vistas e observadas são: as cortes dos príncipes, especialmente quando eles dão audiência aos embaixadores; as cortes de justiça, enquanto eles se sentam e ouvem as causas e, da mesma forma, os consistórios eclesiásticos; as igrejas e mosteiros, com seus monumentos; as muralhas e fortificações das cidades e também os ancoradouros e portos; antiguidades e ruínas; bibliotecas, faculdades, debates acadêmicos e palestras, onde quer que sejam; navios e frotas; casas e jardins públicos e lazer próximo às grandes cidades; arsenais; fábricas de armas; paióis; bolsas de valores; armazéns; aulas de equitação e esgrima; treinamento de soldados e coisas semelhantes; comédias, onde se reúnem pessoas da melhor qualidade; lojas de joias e roupas; gabinetes e raridades. E, para concluir, o que quer que seja memorável nesses lugares para onde vão. Afinal, o que tutores ou servos têm a obrigação de fazer uma pesquisa diligente. Quanto às paradas, bailes de máscaras, banquetes, casamentos, funerais, execuções e coisas semelhantes, não precisam ser colocados na mente dos homens, embora não devam ser negligenciados. Se você tiver de levar um jovem para viajar e colocá-lo num quarto pequeno e com pouco tempo para aprender muito, é isso o que você deve fazer: primeiro, como dissemos, ele precisa ter algum conhecimento do idioma antes de viajar. Depois, precisa ter um servo ou tutor que conheça o país, também como já dissemos. E que ele leve um mapa ou livro descrevendo o país para onde está viajando e que seja uma boa chave para a sua investigação. E que ele mantenha também um diário e não fique muito tempo em cada cidade. Só o tempo que o lugar merece, mas não muito. E mais: enquanto permanecer em uma cidade, faça-o mudar de alojamento de uma extremidade à outra do lugar, o que é bastante atraente em termos de aquisição de conhecimento. Que ele se afaste da companhia de seus compatriotas e faça suas refeições em locais em que haja uma boa companhia de pessoas nativas do país para onde viajou. Ao se mudar de um lugar para outro, que procure recomendações de alguma pessoa de qualidade que resida no local para onde está se dirigindo e que ele possa usar em seu favor naquelas coisas que deseja ver ou conhecer. Assim poderá abreviar sua viagem com muito mais proveito. Quanto ao conhecimento que está buscando na viagem, o mais proveitoso é aquele obtido com secretários e empregados dos embaixadores, porque, ao viajar para outro país, absorverá a experiência de muitos. Que ele também veja e visite pessoas eminentes de todos os tipos, que tenham renome no exterior, para que possa ser capaz de julgar o quanto a vida concorda com a fama. Quanto às disputas, devem ser evitadas com cuidado e discrição. Geralmente, são causadas por amantes, bebida, posição e palavras. E que ele se previna da companhia de pessoas coléricas e briguentas, porque será levado por elas para as suas próprias disputas. Quando o viajante volta para casa, que não deixe para trás os países que percorreu, mas mantenha correspondência, por cartas, com as pessoas de maior valor que conheceu. E que sua viagem transpareça mais em seu discurso do que em sua aparência ou gestos. E, em seu discurso, que mais receba conselhos do que se adiante em contar histórias. E que não pareça que mudou suas maneiras nativas por aquelas do estrangeiro, mas apenas transplantou algumas flores daquilo que aprendeu para os costumes de seu próprio país.

19

DO IMPÉRIO

Textos: MS, 1612, 1625

É um estado miserável da mente ter poucas coisas a desejar e muitas a temer. E, contudo, este é geralmente o caso dos reis, que, estando no alto, querem algo para desejar, tornando suas mentes mais lânguidas, cheias de representações de perigos e sombras, o que as torna menos claras. E esta é uma das razões também desse efeito de que falam as Escrituras: *que o coração do rei é inescrutável*[176]. Pois uma grande quantidade de suspeitas e ausência de algum desejo predominante, que deveria guiar e colocar ordem em todo o resto, tornam o coração de qualquer homem difícil de encontrar ou sondar. Do mesmo modo daí vem que os príncipes muitas vezes criam desejos para si mesmos e colocam seus corações em coisas triviais: algumas vezes em construções; às vezes no estabelecimento de uma ordem religiosa; algumas vezes no avanço de uma pessoa, outras na obtenção de excelência em alguma arte ou perícia manual – como Nero, ao tocar harpa, Domiciano pela mão certeira com a flecha, Cômodo na esgrima, Caracala na condução de bigas[177] e coisas semelhantes. Isso parece incrível para aqueles que não conhecem o princípio de *que a mente do homem se alegra e se revigora mais ao tirar proveito das pequenas coisas do que permanecendo parada nas grandes.* Vemos também que os reis que

176 Provérbios 25.3.

177 Nero, †68 d.C, Domiciano, †96, Cômodo, †192, e Caracala, †217, foram imperadores romanos; todos notórios por sua grande crueldade.

foram grandes conquistadores em seus primeiros anos, não sendo possível para eles ir em frente indefinidamente e que precisam ter algum freio em suas fortunas, tornam-se, em seus anos finais, supersticiosos e melancólicos, como Alexandre o Grande, Diocleciano[178] e, em nossa memória, Carlos V[179], e outros. Porque aquele que está acostumado a ir em frente e que encontra um impedimento, desaprova a si mesmo e deixa de ser o que era.

Tratemos agora da verdadeira têmpera do império. É coisa rara e difícil de ser mantida, pois temperar e destemperar são coisas opostas. Mas uma coisa é combinar os contrários e outra intercambiá-los[180]. A resposta de Apolônio[181] a Vespasiano[182] está cheia de excelentes instruções. Vespasiano perguntou-lhe: *O que causou a ruína de Nero?* Ele respondeu: *Nero podia tocar e afinar bem a harpa, mas, em termos de governo, algumas vezes ele costumava apertar muito as cravelhas e outras as deixava muito soltas*[183]. E certo é que nada destrói mais a autoridade do que um intercâmbio desigual e intempestivo do poder, ora muito severo, ora muito relaxado.

É verdade que a sabedoria desses últimos tempos nos assuntos dos príncipes está mais em boas elocuções e em evitar perigos e danos quando estão próximos, do que em caminhos sólidos e fundamentados para mantê-los afastados. Mas isso é tentar controlar a sorte. E que os homens tomem cuidado do quanto negligenciam ou suportam desordens, pois nenhum homem pode proibir a centelha, nem dizer quando ela pode vir. As dificuldades nos negócios dos príncipes são muitas e grandes, mas a dificuldade maior frequentemente encontra-se em suas próprias mentes. Porque é comum com os príncipes (disse Tácito) desejar contradições: *Sunt plerumque regum voluntates vehementes, et*

---

178 Imperador romano, †313, diz-se que foi o primeiro soberano a abdicar de seu poder voluntariamente (abdicou em 305).

179 Imperador germânico, †1558, que abdicou do império em 1556.

180 A verdadeira têmpera do império se dá quando os contrários, soberania e liberdade, são misturados e constituem o todo; *destemperar* ocorre quando são alternados ou intercambiados.

181 Filósofo pitagórico e mago do primeiro século.

182 Imperador romano (69-79).

183 Filostrato, *Vida de Apolônio,* V.28.

inter se contrariae[184]. Pois é um erro do poder pensar em comandar o final e, contudo, não suportar o meio.

Os reis têm de lidar com seus vizinhos, suas esposas, seus filhos, seus prelados ou clérigos, seus nobres, cavalheiros, comerciantes e pessoas comuns, bem como seus guerreiros. De todos eles surgem os perigos, se cuidado e circunspecção não forem usados.

Primeiro, em relação aos vizinhos: aqui não há nenhuma regra geral a ser dada (as ocasiões são muito variáveis), exceto uma que é sempre válida. É aquela em que os príncipes devem se resguardar de que nenhum de seus vizinhos cresça muito (aumentando o território, melhorando o comércio, abordando as fronteiras e coisas semelhantes), de modo a se tornarem mais capazes de incomodar do que antes. E este é geralmente o trabalho dos conselhos permanentes: prever e impedir. Durante aquele triunvirato de reis, Rei Henrique VIII, da Inglaterra, Francisco I, da França, e Carlos V, o Imperador, houve tal vigilância que nenhum dos três poderia ganhar um palmo de terreno sem que os outros dois imediatamente equilibrassem a situação, ou por confederação ou, se fosse necessário, pela guerra e de modo nenhum concordariam com a paz que lhes custasse muito posteriormente. E isso foi feito por aquela liga (que Guicciardini diz que foi a segurança da Itália) feita entre Ferdinando, rei de Nápoles, Lourenço Medices e Ludovico Sforza, potentados, um de Florença, outro de Milão[185]. Nem é aceita a opinião de alguns escolásticos de *que uma guerra não pode ser feita justamente exceto por uma injúria ou provocação precedente.* Pois não há dúvida de que, exceto por um justo temor de um perigo iminente, embora não tenha havido nenhum ataque, é causa legítima de uma guerra.

No caso das esposas, há exemplos cruéis delas. Lívia é conhecida pelo envenenamento de seu marido; Roxolana, esposa de Soliman, foi a ruína daquele renomado príncipe, o sultão Mustafá, e por outro

---

184 Os desejos dos reis são principalmente veementes e incompatíveis uns com os outros (não Tácito, mas Sallust, *Jugurtthine War*, CXIII.1).

185 Ver Guicciardini, *História da Itália*, I.

lado perturbou a casa e a sucessão deste[186]; a rainha de Eduardo II[187], da Inglaterra, teve o papel principal na deposição e assassinato de seu marido. Esse tipo de perigo deve então ser temido, principalmente quando as esposas conspiram para a elevação de seus próprios filhos, ou ainda mais quando são adúlteras.

Quanto aos filhos: as tragédias, do mesmo modo que os perigos, são muitas. E geralmente quando os pais suspeitam dos filhos, sempre há infortúnios. A destruição de Mustafá (citado anteriormente) foi tão fatal para a linhagem de Soliman, que a sucessão dos turcos desde Soliman até hoje carrega a suspeita de ser ilegítima e de sangue desconhecido, porque se pensava que aquele Selimo II era ilegítimo. A destruição de Crispo, um jovem príncipe de rara capacidade, por Constantino o Grande, seu pai, foi de maneira semelhante fatal para a sua casa, pois ambos Constantino e Constante, seus filhos, tiveram mortes violentas; e Constâncio, seu outro filho, teve sorte pouco melhor. Morreu, de fato, por doença, mas depois de Juliano ter levantado armas contra ele[188]. A destruição de Demétrio, filho de Felipe II da Macedônia, voltou-se contra o pai, que morreu de arrependimento[189]. E há muitos exemplos semelhantes, mas poucos ou nenhum em que os pais se deram bem com tal desconfiança, exceto quando os filhos fizeram guerra aberta contra eles, como ocorreu com Selimo I contra Bajazet, e os três filhos de Henrique II[190], rei da Inglaterra.

---

186 Soliman, o Magnífico (ou Selimo I), sultão da Turquia, 1520-66., matou seu filho mais velho, Mustafá, instigado por sua esposa, Roxolana, madrasta do príncipe. Um dos próprios filhos dela, Bayezid (ou Bajazet) rebelou-se e foi executado por Soliman. O sultão foi sucedido por outro de seus filhos, Selimo II, que parecia não ter qualquer semelhança física ou de caráter com Soliman.

187 Isabella d'Anjou, †1358.

188 Constantino, o Grande, imperador romano de 306-37, executou seu filho Crispo em 326. Com a morte de Constantino, o império foi dividido entre seus filhos. Constantino II foi morto ao tentar destruir seu irmão Constante. O próprio Constante foi assassinado em sua cama por seus próprios homens. E Constâncio morreu em 361 ao se opor a Juliano, que tinha sido proclamado imperador por suas tropas.

189 Demétrio, filho de Felipe V da Macedônia, foi falsamente acusado de traição por seu irmão, o príncipe coroado Perseu. Seu pai mandou matá-lo em 179 a.C. Bacon confundiu Felipe V com Felipe II, pai de Alexandre o Grande.

190 Henrique, Geoffrey e Rei Ricardo I (e depois, Rei João).

Quanto aos prelados: quando são orgulhosos e grandes, também há perigo. Como aconteceu nos tempos de Anselmo e Tomas Becket, arcebispos de Canterbury, que, com seus bastões episcopais, quase puseram à prova a espada do rei; e ainda tiveram de lidar com reis vigorosos e altivos, como William Rufus, Henrique I e Henrique II[191]. O perigo não provém do estado[192], mas de onde há uma dependência de uma autoridade estrangeira, ou os homens da igreja chegam e são eleitos, não por colação do rei ou patronos particulares, mas pelo povo.

Quanto aos nobres: mantê-los à distância não é impróprio. Mas humilhá-los pode tornar um rei mais absoluto, mas menos seguro e menos capaz de realizar qualquer coisa que deseje. Observei isso em minha História do Rei Henrique VII, da Inglaterra[193], que humilhou seus nobres. Em consequência, o seu reinado foi cheio de dificuldades e problemas, pois a nobreza, embora continuasse leal a ele, não cooperou com os seus negócios. De modo que, de fato, ele teve de fazer sozinho todas as coisas.

Quanto à pequena nobreza, não há grandes perigos, pois constitui um grupo disperso. Pode algumas vezes haver algum discurso veemente, mas que causa pouco dano. Além disso, constitui um contrapeso à nobreza mais elevada, para que não se torne muito poderosa. E, finalmente, sendo a autoridade mais imediata em relação ao povo, modera as comoções populares.

Quanto a seus comerciantes: constituem a *vena porta*[194] e se eles não prosperam, um reino pode ter boas pernas, mas terá veias vazias e pouca nutrição. Taxas e impostos sobre eles raramente são bons aos rendimentos do rei, porque aquilo que ele ganha no distrito, perde no condado, quando determinadas taxas são aumentadas, mas o total do comércio diminui muito.

---

191 Anselmo, †1109, foi duas vezes enviado para o exílio por afirmar os direitos dos clérigos contra a autoridade secular de William Rufus e Henrique I. Tomas Becket foi assassinado na Catedral de Canterbury em 1170, após violentas disputas com Henrique II.

192 i.e.: Dos clérigos.

193 Ver *Obras* VI, 242.

194 A veia porta do fígado.

Quanto ao povo: há pouco perigo aí, exceto se houver chefes grandes e poderosos ou onde há interferência na religião ou seus costumes ou meios de vida.

Quanto aos guerreiros: é uma situação perigosa se eles vivem e permanecem como um corpo e estão acostumados ao soldo. Temos exemplos disso nos janizaros[195] e na guarda pretoriana[196] de Roma. Mas treinar homens, armá-los em vários locais do país e sob vários comandantes e sem soldos constituem assuntos de defesa e não trazem perigo.

Os príncipes são semelhantes a corpos celestes, que causam tempos bons ou maus, e que são muito venerados, mas sem nenhum descanso. Todos os preceitos relativos aos reis estão, de fato, compreendidos naquelas duas saudações: *Memento quod es homo* e *Memento quod es Deus* ou *vice Dei*[197]: um limita seu poder e o outro sua vontade.

---

195 Guarda-costas dos sultões turcos.

196 Guarda-costas dos imperadores romanos.

197 Lembre-se de que você é um homem e lembre-se de que você é um deus, ou representante de Deus (para fontes, ver Ernst H. Kantorowicz, *Os dois Corpos do Rei*, Princeton, 1957, PP. 496-7).

20

DO CONSELHO

Textos: MS, 1612, 1625

A maior confiança entre um homem e outro é a confiança de dar conselhos. Porque em outras confidências, o homem compromete partes de sua vida: suas terras, seus bens, seus filhos, seu crédito, algum assunto particular. Mas ao pedirem conselhos, comprometem o todo, pelo que os conselheiros se obrigam a toda fé e integridade. Príncipes sábios não precisam pensar que confiar em um conselho diminui sua grandeza ou derroga sua suficiência. O próprio Deus não o dispensa, mas tornou-o um dos grandes nomes de seu Filho abençoado, *o Conselheiro*[198]. Salomão pronunciou que *no conselho está a estabilidade*[199]. As coisas terão sua primeira ou segunda discussão. Se não forem debatidas sobre os argumentos do conselho, o serão nas ondas da sorte e estarão cheias de inconstância, indo e vindo, como o cambalear de um bêbado. O filho de Salomão[200] encontrou a força do conselho, assim como seu pai viu a sua necessidade. Porque o amado reino de Deus foi primeiro rachado e quebrado pelo mau conselho, sobre o qual, para nossa instrução, foram estabelecidas as duas marcas por meio das quais o mau conselho é sempre melhor discernido: o conselho vigoroso é para as pessoas e o conselho violento é para a matéria.

198 Isaías 9.6.

199 Derivado de Provérbios 20.18.

200 Rehoboam, de quem as dez tribos de Israel se revoltaram (ver 1Reis 12).

Os tempos antigos estabeleceram tanto a incorporação quanto a inseparável conjunção do conselho com os reis e o uso sábio e político do conselho pelos reis. A primeira é aquela que diz que Júpiter casou-se com Metis, que significa conselho, o que quer dizer que a soberania casou-se com o conselho. A outra diz que o que se seguiu foi que, depois de Júpiter ter se casado com Metis, ela engravidou dele, mas Júpiter não esperou pelo parto e a devorou. Por causa disso, ele engravidou de si mesmo e deu à luz, por sua cabeça, a Palas armada. Essa fábula monstruosa contém um segredo de império: como os reis fazem uso de seu Conselho de Estado. Primeiro, eles devem submeter os assuntos a ele, o que constitui a primeira geração ou impregnação. Mas, quando tais questões são elaboradas, moldadas e tomam forma no útero de seu conselho, e crescem e estão prontas a serem paridas, os reis não esperam que o Conselho chegue à resolução e direcionamento, como se dependessem deles, e trazem as questões de volta às suas mãos e fazem parecer ao mundo que os decretos e orientações finais (as quais, pelo fato de virem a público com prudência e poder, assemelham-se a Palas armada) procedem deles próprios e não apenas por causa de sua autoridade, mas (para aumentar a própria reputação) de sua cabeça e inteligência.

Tratemos agora das inconveniências do Conselho e dos remédios para estas. As inconveniências que foram observadas ao se chamar e usar o Conselho são três. Primeira: a revelação dos assuntos, o que os torna menos secretos. Segunda: o enfraquecimento da autoridade dos príncipes, como se fossem menos importantes do que são. Terceira: o perigo do aconselhamento desleal, mais para o bem dos conselheiros do que do aconselhado. Para tais inconveniências, a doutrina da Itália e a prática da França, em alguns reinados, introduziram os Conselhos de gabinete, um remédio pior do que a doença.

Em relação ao segredo, os príncipes não são obrigados a comunicar todos os assuntos a todos os conselheiros e podem excluir e selecionar. Nem é necessário que aquele que consulta, que é o que deve fazer, deva declarar o que fará. Mas que os príncipes se precavenham para que a quebra de sigilo não provenha deles próprios. E no que se refere aos

Conselhos de gabinete, o seu lema pode ser: *Plenus rimarum sum*[201]. Uma pessoa fútil, que faz sua glória ao contar coisas, trará mais prejuízo do que muitos que entendem ser seu dever calar. É verdade que há alguns assuntos que exigem sigilo extremo e que dificilmente vão além de uma ou duas pessoas além do rei. Nem por isso é o Conselho malsucedido, porque, além do segredo, ele geralmente prossegue com espírito de direção e sem distração. Então, é preciso ser um rei prudente, capaz de moer usando um moinho manual[202], e também é preciso que aqueles conselheiros de gabinete sejam homens sábios e especialmente verdadeiros e de confiança em relação aos objetivos do rei, como ocorreu com o rei Henrique VII, da Inglaterra, que, no que se refere aos seus maiores negócios, não os compartilhava com ninguém, exceto com Morton[203] e Fox[204].

Quanto ao enfraquecimento da autoridade, a fábula[205] apresenta o remédio. E mais, a majestade dos reis é antes exaltada do que diminuída, quando estão na presidência do Conselho. Nenhum príncipe foi despojado de suas prerrogativas por seu Conselho, exceto quando houve um excesso de poder de um conselheiro ou uma combinação estrita em diversos, o que são coisas logo encontradas e remediadas.

No tocante à última inconveniência, esses homens aconselharão com um olho em si mesmos. Certamente *non inveniet fidem super terram*[206] fala da natureza dos tempos e não de determinadas pessoas. Há aqueles que são de natureza leal e sincera e são simples e diretos, não astuciosos nem comprometidos. Que os príncipes tragam para junto de si tais naturezas. Além disso, os conselheiros em geral não são tão unidos, exceto aquele que vigia outro. De modo que, se algum

201 Sou cheio de vazamentos (Terêncio, *O Eunuco*, I.2.23).

202 Capaz de conduzir seus próprios assuntos (i.e.: sem a elaborada máquina do governo).

203 Arcebispo de Canterbury, Lorde Chanceler, e Cardeal, †1500.

204 Bispo de Winchester, Conselheiro Privado e Chanceler-Mor do Reino, †1528.

205 i.e.: A história de Júpiter e Metis citada na página anterior.

206 Ele não encontrará a fé sobre a Terra (aludindo a Lucas 18.8).

fizer uso do Conselho para fins políticos ou privados, isso geralmente chega aos ouvidos do rei. Mas o melhor remédio é que os príncipes conheçam seus conselheiros tão bem quanto estes os conhecem:

Principis est virtus máxima nosse suos[207].

E, por outro lado, os conselheiros não devem especular muito a respeito da pessoa de seu soberano. A verdadeira composição de um conselheiro é antes ser habilidoso nos negócios de seu mestre do que na natureza dele, porque, então, ele pode aconselhá-lo e não alimentar seu humor. É de uso singular dos príncipes pedirem as opiniões de seu Conselho, tanto separadamente quanto em conjunto. Porque a opinião privada é mais livre, enquanto a opinião diante de outros é mais reverente. No privado, os homens são mais arrojados em seus próprios humores e em conjunto são mais subservientes aos humores dos outros. Portanto, é bom usar ambos e, em questões menores, mais no privado, para preservar a liberdade; e nas maiores, mais no conjunto, para preservar o respeito. Não vale a pena que os príncipes peçam conselhos em relação aos negócios, se não pedem em relação às pessoas, porque todos os negócios são como imagens mortas e a sua boa execução repousa na boa escolha das pessoas. Nem é suficiente consultar em relação às pessoas, *secundum genera*[208] (como em uma ideia ou descrição matemática), qual o tipo e o caráter que a pessoa deve ter, porque os maiores erros são cometidos e o melhor juízo é demonstrado na escolha dos indivíduos. Já se disse verdadeiramente: *Optimi consiliarii mortui*[209]. Os livros falarão claramente, enquanto os conselheiros empalidecerão. Portanto, é bom estar familiarizado com eles, especialmente aqueles que falam de pessoas como eles, que já foram como atores em um palco.

Atualmente, os Conselhos, na maioria dos lugares, são apenas encontros familiares, onde os assuntos são mais motivo de conversas do

207 É a maior virtude de um príncipe conhecer seus próprios homens (Marcial, *Epigramas*, VIII.15).

208 Conforme o gênero.

209 Os melhores conselheiros são os mortos (um ditado relativo aos livros atribuído a Alonso de Aragão, †1458; ver *Obras*, VII.140).

que de debates. E eles correm rapidamente à ordem ou ato do Conselho. Seria melhor que, nas causas de peso, o assunto fosse proposto em um dia e dele não se falasse mais até o dia seguinte: *in nocte consilium*[210]. Assim foi feito na comissão para a união entre Inglaterra e Escócia, que foi uma assembleia séria e ordeira[211]. Recomendo estabelecer dias para petições, pois tanto dá, aos pretendentes, mais certeza de seu atendimento, quanto libera os encontros para assuntos de Estado, em que eles podem *hoc agere*[212]. Na escolha de comitês para o amadurecimento de assuntos a serem deliberados pelo Conselho, é melhor escolher pessoas imparciais do que compor uma imparcialidade, colocando nos comitês pessoas que são fortes em ambos os lados. Recomendo também estabelecer comissões permanentes para o comércio, para o tesouro, para a guerra, para os processos judiciais e para algumas províncias. Pois onde houver diversos conselhos particulares e apenas um Conselho de Estado (como é na Espanha), eles nada mais são, de fato, do que comissões permanentes, mas com uma autoridade maior. Que aqueles que informam os conselhos fora de suas profissões particulares (tais como advogados, marinheiros, tesoureiros e assemelhados) sejam os primeiros a serem ouvidos diante dos comitês e, então, quando for o caso, diante do Conselho. E que eles não venham em multidões, ou de maneira turbulenta, pois haveria clamor e não informação. Uma mesa longa ou quadrada, ou assentos ao longo das paredes, parecem coisas da forma, mas são da substância, porque, em uma mesa longa, aqueles colocados na extremidade superior é que, de fato, dirigirão tudo, mas a outra forma é mais útil na opinião dos conselheiros que se sentam na outra extremidade. Que o rei, ao presidir o Conselho, tenha cuidado com a maneira com que abre a sessão, pois pode demonstrar grande inclinação para aquilo que propõe, e os conselheiros irão apenas se ajustar ao desejo dele e, em vez de dar-lhe livre conselho, cantarão a canção do *"eu agradarei"*.

210 Na noite há conselho (i.e.: o intervalo de uma noite traz conselho para o dia seguinte).

211 Em 1603, o rei James VI, da Escócia, tornou-se rei da Inglaterra; um ano depois, Bacon participou da comissão estabelecida para considerar a união dos reinos.

212 Em que podem se concentrar no assunto em pauta.

21

DAS PROTELAÇÕES

Texto: 1625

A sorte é como o mercado, onde muitas vezes, se você pode se demorar um pouco, o preço cai. E novamente algumas vezes é como a oferta de Sibila, que inicialmente oferece a mercadoria inteira e, depois, vai consumindo suas partes e mantendo o preço. Porque a *Ocasião*[213] (como diz o verso comum) *torna-se uma cabeça calva, depois de ter apresentado seus cachos à frente e nenhum deles ter sido agarrado*; ou pelo menos se torna o pescoço da garrafa a ser recebido primeiro, e depois o corpo da garrafa, que é difícil de agarrar. Certamente não há sabedoria maior do que bem determinar o tempo do início das coisas. Os perigos não são mais leves por terem parecido leves uma vez, e mais perigos têm ludibriado os homens do que forçado. E mais: seria melhor ir de encontro a alguns perigos no meio do caminho, embora não estejam nada próximos, do que ficar vigiando sua chegada, porque se o homem vigia por muito tempo, é provável que caia no sono. Por outro lado, ser ludibriado por uma sombra muito comprida (como são algumas, quando a lua está baixa e brilha às costas dos inimigos) e assim atirar antes do tempo, ou atrair os perigos, investindo cedo

---

213 Uma das Sibilas, antigas profetisas, ofereceu ao rei romano Tarquínio nove livros. Quando ele recusou, ela queimou três e continuou pedindo o mesmo preço pelos seis livros remanescentes. Novamente Tarquínio recusou e ela destruiu mais três, pedindo ainda o mesmo preço pelos três últimos. Finalmente, ele os comprou e os Livros Sibilinos tornaram-se preciosos para os romanos pelas profecias que continham.

demais contra eles, é outro extremo. O amadurecimento ou imaturidade da ocasião (como dissemos) precisa sempre ser bem pesado e em geral é bom atribuir o início de todas as grandes ações a Argos, com sua centena de olhos, e o término a Briareu, com sua centena de mãos, primeiro para vigiar e, depois, para acelerar. Porque o elmo de Plutão[214], que torna o político invisível, é o sigilo no conselho e a celeridade na execução. Pois, quando as coisas chegam à execução, não há segredo comparável à celeridade – como o movimento de uma bala no ar, que voa mais rápido do que o olho pode acompanhar.

214 O deus do mundo inferior. Durante a guerra entre os deuses e os Titãs, Ciclope deu a Plutão um elmo que tornava invisível aquele que o usava.

22

DA ASTÚCIA

Textos: 1612, 1625

Consideramos a astúcia como uma sabedoria sinistra ou torta. E certamente há grande diferença entre um homem astucioso e outro sábio, não apenas no que se refere à honestidade, mas também à habilidade. Há aqueles que podem embaralhar as cartas e, contudo, não conseguem jogar bem; há outros que são bons em aliciamentos e dissensões e que, por outro lado, são homens fracos. Novamente, uma coisa é compreender as pessoas e outra compreender os assuntos, porque muitos são perfeitos na compreensão dos humores humanos, mas não são muito capazes na compreensão da parte real dos negócios. Essa é a constituição daquele que estudou mais os homens do que os livros. Tais pessoas ajustam-se mais à conspiração do que ao conselho e são bons em seu próprio terreno. Volte-os para homens desconhecidos e eles perdem a pontaria. Assim, a antiga máxima para se diferenciar um tolo de um sábio, *Mitte ambos nudos ad ignotos et videbis*[215], faz muito pouco por eles. E porque estes homens astuciosos são como vendedores de miudezas, eles podem armar suas barracas.

É questão de astúcia observar aquele com que se fala, como diz um preceito jesuíta, pois há muitos sábios com corações secretos e semblantes transparentes. Contudo, isso deve ser feito com o abaixar humilde de seu olho, como os jesuítas também costumam fazer.

---

215 Coloque ambos nus em meio a estranhos e, então, você verá (atribuído a Aristipo in Diógenes Laércio, *Vidas de Filósofos Eminentes*, II. 73).

Outra questão de astúcia ocorre quando você precisa obter alguma coisa de um despacho atual: é preciso entreter e divertir a parte com a qual você está lidando com algum outro discurso, um para o qual ela não esteja atenta a ponto de fazer objeções. Conheço um conselheiro e secretário que nunca chega à Rainha Elizabeth, da Inglaterra, com contas a pagar, sem que, primeiro, a coloque em algum discurso de Estado, para que ela pouco se importe com as contas.

Surpresa semelhante pode ser obtida ao se propor coisas quando a parte está com pressa e não pode ficar para considerar demoradamente aquilo que está sendo adiantado.

Se um homem se opõe a um negócio, do qual ele duvida que, ampla e com eficácia, algum outro conseguisse, que ele então finja desejá-lo muito e aja de maneira a frustrá-lo.

Interromper a fala no meio do que se estava a ponto de dizer, como se por prudência, desperta naquele com quem se conversa um apetite maior de saber mais.

E porque funciona melhor quando alguma coisa parece ser obtida de você com perguntas, em vez de ser livremente oferecida, você pode lançar uma isca para a pergunta, mudando o semblante, de modo a dar ensejo à parte de perguntar o motivo de tal mudança. Como fez Neemias: *E eu, antes daquele tempo, nunca estive tão triste diante do rei*[216].

Em assuntos delicados e desagradáveis, é bom quebrar o gelo usando palavras mais leves, e reservando a voz mais pesada para, como que por acaso, poder ser perguntado a respeito da questão ante o discurso do outro. Como fez Narciso, ao relatar a Cláudio o casamento de Messalina e Silius.[217]

Nas coisas em que um homem não deve se pronunciar, é questão de astúcia usar emprestado o nome do mundo, como, por exemplo, *O mundo diz* ou *Fala-se por aí.*

---

216 Neemias 2.1. Neemias, servo particular do rei Artaxerxes, apareceu pesaroso diante de seu mestre, quando as muralhas de Jerusalém caíram. Ao ser perguntado por que estava triste, ele persuadiu o rei a permitir que as muralhas fossem reconstruídas.

217 Narciso persuadiu duas mulheres a informar o imperador Cláudio que sua esposa Messalina tinha se casado secretamente com seu amante Silius. Quando Narciso revelou os detalhes desse romance, Silius foi executado (ver Tácito, *Anais*, XI, 29-30).

Conheci alguém que, quando escrevia uma carta, colocava o que era substancial no pós-escrito, como se fosse só um detalhe.

Havia outro que, quando fazia um discurso, passava por cima daquilo que mais pretendia, seguia em frente e depois voltava e falava dele como se fosse algo que ele quase tinha esquecido.

Alguns buscam ser surpreendidos naquelas épocas em que o partido para o qual trabalham repentinamente os descobre e serem encontrados com uma carta na mão ou fazendo algo a que não estão acostumados, com o fim de que possam ser questionados sobre aquelas coisas suas que gostariam de revelar.

É questão de astúcia atribuir a si mesmo aquilo que outro homem aprende e usa e tirar vantagem disso. Conheci dois homens que competiam pelo cargo de secretário, no tempo da rainha Elizabeth, que mantinham boas relações entre si e consultavam um ao outro em negócios. E um deles disse que ser secretário *no declínio de uma monarquia* era coisa precária e que não o desejava. O outro usou estas palavras em conversas com diversos amigos, dizendo que não havia razão para desejar ser secretário *no declínio de uma monarquia*. O primeiro homem, ao saber disso, encontrou uma maneira de fazer a rainha ter conhecimento disso também, e ela, ao ouvir o *declínio de uma monarquia*, sentiu-se tão ofendida que nunca mais quis ouvir falar da pretensão do outro.

Há astúcia, que nós, na Inglaterra, chamamos de *A virada da torta na panela*, que é quando um homem diz a outro alguma coisa como se o outro tivesse dito a ele. E para dizer a verdade, não é fácil, quando tal assunto surge entre os dois, descobrir qual deles fez o primeiro movimento.

Há uma maneira usada por alguns homens de dar uma olhada nos outros e alfinetá-los, justificando-se mediante negativas, como por exemplo: *Isso não fiz*. Como Tigelino fez em relação a Burrhus: *Se non diversas spes, sed incolimitatem, imperatoris simpliciter spectare*[218].

---

218 Ele disse que não teve propósitos irreconciliáveis (como Burrhus teve): seu único objetivo era a segurança do imperador (Tácito, *Anais*, XIV. 57). Tigelino era ministro de Nero; Burrhus era o comandante da Guarda Pretoriana de Nero.

Alguns têm à mão tantos contos e histórias, que não há insinuação feita por eles que não esteja embrulhada em um conto, o que serve tanto para mantê-los em guarda, quanto para fazer outros divulgá-la com mais prazer.

É boa astúcia um homem moldar a resposta que daria em suas próprias palavras e proposições, porque isso torna a outra parte menos estúpida.

É estranho quanto tempo alguns homens permanecem à espera para falar alguma coisa que desejam dizer e quão longe irão e em quantos assuntos tocarão até chegar perto daquele desejado. É questão de grande paciência, mas ainda de muito uso.

Uma pergunta repentina, audaciosa e inesperada muitas vezes surpreende um homem e o põe a descoberto. Como aquele que, tendo mudado de nome e andando pela Catedral de São Paulo, foi repentinamente chamado pelo seu verdadeiro nome, por alguém às suas costas e ele imediatamente olhou para trás.

Contudo, tais minúcias e pequenos pontos de astúcia são infinitos e seria muito bom fazer uma lista deles, porque nada causa mais prejuízo a um Estado do que os astuciosos se fazerem passar por sábios.

Mas certamente há alguns que conhecem os recursos e consequências dos negócios, que não conseguem penetrar em seu âmago, como uma casa que possui escadas e passagens convenientes, mas nunca um bom aposento. Assim você os verá dando bons palpites no final, mas de modo nenhum sendo capazes de examinar ou debater algum assunto. E ainda, em geral, tiram vantagem de sua inabilidade e são tidos como talentos da administração. Alguns se fortalecerão mais no abuso de outros, e (como agora dizemos) *preparando armadilhas para eles*, do que pela integridade de seus próprios procedimentos. Mas disse Salomão: *Prudens advertit ad gressus suos; stultus divertit ad dolos*[219].

219 O sábio presta atenção nos passos que dá; o tolo volta-se para as armadilhas (derivado de Provérbios 14.8 e 15).

23

DA SABEDORIA PARA INTERESSE PRÓPRIO

Textos: MS, 1612, 1625

Uma formiga é, por si mesma, uma criatura sábia, mas é prejudicial no pomar ou no jardim. E certamente homens muito egoístas prejudicam o público. Faça uma divisão racional entre amor-próprio e sociedade e seja verdadeiro em relação a si mesmo, assim como não seja falso com os outros, especialmente em relação ao seu rei e ao seu país. Ser o próprio centro de suas ações é coisa inferior nos homens. A Terra é a única que gira sobre o próprio centro, enquanto todas as coisas que têm afinidade com os céus movem-se ao redor do centro de outra, à qual beneficiam[220]. Ser o centro de referência de tudo é mais tolerável em príncipes soberanos, porque eles são apenas eles próprios, mas seu bem e seu mal estão por conta e risco da sorte pública. E é um mal desesperador em um servo do príncipe, ou em um cidadão da república. Porque qualquer que seja o assunto que passe pelas mãos de tal homem, será desviado para fins próprios, cujas necessidades são frequentemente excêntricas àquelas de seu rei ou Estado. Portanto, príncipes e Estados devem escolher servidores que não tenham essa característica, exceto no caso de seus serviços serem apenas de assistência. Porque o que

220 i.e.: O egoísmo é exatamente como a Terra, porque sozinho, segundo a astronomia ptolomaica, permanece fixo, enquanto as esferas planetárias se movem ao seu redor.

torna o efeito mais pernicioso é a total perda de proporção. Seria desproporção suficiente que o bem do servidor tenha preferência diante do bem do mestre, mas é desproporção maior quando o bem pequeno do servidor é lançado contra o bem maior do mestre. E, contudo, este é o caso de maus funcionários públicos, tesoureiros, embaixadores, generais e outros servidores falsos e corruptos, que fazem um desvio para as suas próprias tigelas de invejas e finalidades mesquinhas, para a ruína dos assuntos maiores e mais importantes de seus senhores. E, em sua maioria, o bem que tais servidores recebem é proporcional à sua própria fortuna, mas o prejuízo que trazem é proporcional à fortuna de seu mestre. E certamente é da natureza do egoísta extremo, porque ele incendiará uma casa apenas para fritar seus ovos. E, mesmo assim, muitas vezes esses homens têm a confiança de seus senhores, porque tudo o que fazem é agradá-los e lucrar com isso; e por qualquer coisa abandonarão o bem de seus negócios.

A sabedoria no interesse próprio é, em suas muitas ramificações, uma depravação. É a sabedoria dos ratos, que só abandonarão a casa um pouco antes de ela desabar. É a sabedoria da raposa, que empurra o texugo para fora da toca escavada por ele. É a sabedoria dos crocodilos, que choram antes de devorar. Mas o que deve ser especialmente notado é que aqueles que (como Cícero disse de Pompeu) são *sui amantes sine rivali*[221] são muitas vezes infelizes. E enquanto sacrificam todo o seu tempo a si mesmos, tornam-se, no final, seus próprios sacrifícios à inconstância da sorte, cujas asas eles pensavam ter sido cortadas por sua própria sabedoria.

221 Amantes de si mesmos sem rivais (de *Cartas ao seu irmão Quintus*, III.8).

24

DAS INOVAÇÕES

Texto: 1625

Assim como os recém-nascidos das criaturas vivas são inicialmente disformes, o mesmo ocorre com as inovações, que constituem os recém-nascidos do tempo. Não obstante, como aqueles que inicialmente trazem honra à sua família têm em geral mais valor do que a maior parte de seus descendentes, assim o primeiro (se for bom) raramente é igualado por imitação. Porque o mal, para a natureza humana pervertida, tem um movimento natural, mais forte na continuação; mas o bem é, enquanto movimento forçado, mais forte no início. Certamente todo remédio é uma inovação, e aquele que não aplicar novos remédios, deve esperar novos males. Porque o tempo é o maior inovador e se o decorrer do tempo altera as coisas para pior e a sabedoria e o conselho não as alteram para melhor, qual será o final? É verdade que o que é estabelecido pelo costume, embora não seja bom, pelo menos já está adaptado. E as coisas que caminharam juntas por muito tempo, estão como que confederadas dentro de si mesmas, enquanto coisas novas não se ajustam muito bem, mas, embora ajudem por sua utilidade, trazem preocupação por sua inconformidade. Além disso, são como estranhos, mais admirados e menos favorecidos. Tudo isso seria verdade, se o tempo permanecesse parado; mas ele, ao contrário, se move tão rapidamente que uma obstinada retenção de costume é coisa tão turbulenta quanto uma inovação, e aqueles que reverenciam muito os tempos antigos são apenas um escárnio para o novo. Portanto, seria bom que os homens, em suas inovações, seguissem o exemplo do próprio tempo, que, de fato, inova enormemente, mas calmamente e em passos raramente percebidos. Pois em caso contrário, qualquer coisa nova é inesperada e sempre serve a alguns e prejudica outros, e aquele que é favorecido toma-a como sorte e agradece ao tempo, e o que é prejudicado considera-a um erro e o imputa ao autor. Também é bom não tentar experiências nos Estados, exceto se a necessidade for urgente ou a utilidade evidente, e é bom tomar cuidado para que seja a reforma que traz a mudança e não o desejo de mudança que faz a reforma. E finalmente, que a novidade, embora não seja rejeitada, ainda fique sob suspeita e, como dizem as Escrituras, *que façamos uma parada no caminho antigo e, então, olhemos ao redor e descubramos qual é o caminho reto e correto e assim caminhemos nele*[222].

222 De Jeremias, 6.16.

25

DO DESPACHO

Textos: MS, 1612, 1625

A vontade de despachar é uma das coisas mais perigosas que pode haver nos negócios. É como aquilo que os médicos chamam de pré-digestão ou digestão precipitada, que enche o corpo de imperfeições e sementes de doenças. Então não meça o despacho pelo número de reuniões, mas pelo avanço do negócio. E, como nas competições, não é o passo largo ou a altura elevada que fazem a velocidade, o mesmo se dá nos negócios, onde manter-se estritamente no assunto e não abrangê-lo de uma vez acelera o despacho. Alguns cuidam apenas para obter um bom resultado em proporção ao tempo tomado, ou para inventar alguns falsos períodos de conclusão dos negócios, a fim de parecerem homens expeditos. Mas uma coisa é abreviar por contração e outra pelo corte e o negócio assim manipulado em várias reuniões ou encontros em geral fica em um vaivém de maneira instável. Conheci um sábio homem que, quando via outros acelerarem o negócio para chegarem a uma conclusão, sempre dizia: *Fique um pouco mais, para que possamos chegar ao fim mais rapidamente.*

Por outro lado, o verdadeiro despacho é coisa valiosa. Porque o tempo é a medida do negócio, assim como o dinheiro o é das mercadorias, e o negócio é comprado a preço elevado onde houve pouco despacho. Os espartanos e os espanhóis são conhecidos por serem de pouco despacho: *Mi venga la muerte de Spagna (Que minha morte venha da Espanha)*, porque então ela certamente irá demorar para chegar.

Ouça com atenção aqueles que lhe dão a primeira informação nos negócios e prefira dirigi-los no início a interrompê-los durante sua fala, porque aquele que é tirado de sua própria ordem de ideias fica avançando e retrocedendo no assunto e se torna muito tedioso ficar esperando que ele reorganize os seus pensamentos, quando podemos deixar que ele siga seu próprio curso. Mas algumas vezes vemos que o moderador da reunião é mais problemático do que o orador.

As repetições são em geral perda de tempo. Mas não há maior ganho de tempo do que repetir frequentemente o estado da questão, porque afugenta muita conversa frívola no início da reunião. Falas longas e elaboradas servem ao despacho tanto quanto um robe ou manto longo serve a uma corrida. Prefácios, conexões e desculpas e outras citações à pessoa constituem enormes perdas de tempo e, embora pareçam proceder da modéstia, são mera ostentação. Ainda, cuide para chegar logo ao assunto, quando há algum impedimento ou obstrução na vontade dos homens, porque a mente preocupada sempre requer um prefácio na fala, como a fricção da pele para fazer o unguento penetrar.

Acima de tudo, ordem, distribuição e seleção das partes constituem a vida do despacho. A distribuição não deve ser muito sutil, porque aquele que não divide nunca entrará bem no negócio e aquele que divide muito nunca sairá dele claramente. Escolher o tempo é economizar tempo e um movimento intempestivo é apenas um golpe no ar. Um negócio possui três partes: a preparação, o debate ou exame, e o aperfeiçoamento. Daí, se você busca rapidez, permita que a parte intermediária seja trabalho de muitos e a primeira e última parte trabalho de poucos. O procedimento sobre alguma coisa concebida encontra-se na escrita, porque em grande parte facilita o despacho, pois ainda que deva ser totalmente rejeitado, tal negativa é mais significativa em termos de orientação do que uma indefinida, como as cinzas são mais produtivas do que o pó.

26

DE PARECER SÁBIO

Textos: MS, 1612, 1625

Há uma opinião de que os franceses são mais sábios do que parecem e os espanhóis parecem mais sábios do que são. Mas seja o que for entre as nações, certamente se dá o mesmo entre os homens. Porque, como disse o Apóstolo da piedade, *Tendo aparência de piedade, mas negando o poder disso*[223], há certamente aqueles, quanto à sabedoria e habilidade, que fazem nada ou muito pouco solenemente: *magno conatu nugas*[224]. É coisa ridícula e apropriada à sátira, para pessoas de discernimento, ver que artifícios estes formalistas usam e que perspectivas empregam para fazer superfícies parecerem corpos que têm profundidade e volume. Alguns são tão fechados e reservados, que não mostrarão seus produtos, exceto na penumbra, e parecem sempre se manter um pouco afastados. E embora saibam interiormente que falam daquilo que não conhecem bem, parecem aos outros, entretanto, saber daquilo que falam. Alguns se ajudam compondo semblantes e gesticulando e são experientes em sinais. Como Cícero disse de Piso, que, quando ele respondia uma pergunta, ele levantava uma de suas sobrancelhas e abaixava a outra: *Respondes, altero ad frontem sublato, altero ad*

223 S. Paulo, 2 Timóteo 3-5.

224 (Realizando) insignificâncias com grande esforço (de Terêncio, *O Autotormentador*, IV.1.8).

mentum depresso supercilio, crudelistatem tibi non placere[225]. Alguns acham que serão bem-sucedidos falando muito e sendo peremptórios e seguem em frente e tomam por admitido aquilo que não pode ser confirmado. Alguns, em relação ao que quer que esteja além de seu alcance, parecerão desprezar ou farão pouco caso, como algo impertinente ou irrelevante, de modo a fazer sua ignorância parecer discernimento. Alguns nunca aparecem sem uma distinção e geralmente, ao divertirem os outros com uma sutileza, evitam o assunto. Desses homens A. Gellius disse: *Hominem delirum, qui verborum minuttis rerum frangit pondera*[226]. Deles também Platão, em seu *Protágoras*, colocou Prodicus como alvo de escárnio, ao levá-lo a fazer um discurso repleto de distinções do começo ao fim[227]. Geralmente, tais homens, em todas as deliberações, acham fácil estar no lado negativo e tentar ganhar credibilidade, fazendo objeções e prevendo dificuldades. Porque, quando as proposições são negadas, coloca-se um ponto final nelas; mas, se admitidas, isso exigirá um novo trabalho; qualquer ponto falso de sabedoria é a perdição do negócio. Para concluir, não há nenhum comerciante decadente ou falido que tenha tantos truques para manter a crença em sua riqueza, como têm essas pessoas vazias para manter a crença em sua aptidão. Parecendo homens sábios, conseguem se arranjar para causar boa impressão, mas que nenhum homem os escolha para empregados, porque certamente estaria melhor escolhendo um homem um pouco ridículo do que um totalmente exibido.

---

225 Você responde com uma sobrancelha voltada para a testa e a outra para seu queixo, aquilo que você não aprova sobre a crueldade (*O Discurso contra Piso*, 6).

226 Um homem tolo que rompe a convincente realidade das coisas com lindas minúcias verbais (não Aulus Gellius, mas outro retórico romano, Quintiliano. Bacon cita livremente de *A Educação de um Orador*, X.1.130, onde Quintiliano está descrevendo Sêneca).

227 *Protágoras*, 337 a.C. Protágoras e Prodicus ensinavam filosofia e retórica em Atenas nos séculos V e IV a.C.

27

DA AMIZADE

Textos: MS, 1612, 1625

Foi difícil, para aquele que falou, reunir mais verdade e mentira em poucas palavras do que neste discurso: *Quem quer que se delicie com a solidão ou é uma besta selvagem ou é um deus*[228]. Pois é a maior verdade que um ódio natural e secreto e uma aversão em relação à sociedade, em qualquer homem, têm algo de besta selvagem; mas é a maior inverdade que deva ter algum caráter de natureza divina, exceto se for proveniente, não de um prazer na solidão, mas de uma falta de amor e desejo de impedir o homem de ter uma vida mais elevada. Verificou-se que isso ocorreu falsa e dissimuladamente em alguns pagãos, como Epimênides o Candiano[229], Numa o Romano[230], Empédocles o Siciliano[231]. E Apolônio de Tyana[232], e verdadeira e realmente em diversos dos antigos eremitas e padres santos da igreja. Contudo, poucos homens percebem o que é a solidão e quão longe ela

228 De Aristóteles, *Política*, I. 2.

229 Poeta de Creta (Cândia), sec. VI a.C; disse ter caído no sono em uma caverna e ali dormiu por 57 anos, sem acordar.

230 Segundo rei de Roma, tradicionalmente o fundador do sistema religioso romano. Ele dizia que a deusa Egeria tinha lhe ensinado legislação.

231 Filósofo grego do século V a.C., conhecido por ter se atirado nas chamas do Monte Etna, de modo que seu desaparecimento sem deixar traço pudesse ser tomado como um sinal de que ele era um deus.

232 Filósofo pitagórico e mago do sec. I d.C.

chega. Pois uma multidão não é companhia e rostos são apenas uma galeria de quadros, e o falar apenas o tilintar de um címbalo, onde não há amor[233]. O adágio latino explica isso em poucas palavras: *Magna civitas, magna solitudo*[234], porque em uma grande cidade os amigos estão dispersos, de modo que não há aquela camaradagem existente nas áreas menores. Mas podemos ir além e afirmar mais verdadeiramente que é uma solidão total e miserável querer amigos verdadeiros, sem os quais o mundo é apenas um deserto; e mesmo neste sentido de solidão, quem quer que, na estrutura de sua natureza e afetos, não se adequar à amizade, toma isso da besta e não da humanidade.

Um fruto principal da amizade é o alívio e o desabafo da plenitude e expansões do coração, que as paixões de todos os tipos causam e induzem. Sabemos que doenças de obstruções e sufocamentos são as mais perigosas para o corpo e não é muito diferente para a mente. Você pode tomar salsaparrilha para desobstruir o fígado, ferro para o baço, enxofre purificado para os pulmões, castóreo[235] para o cérebro, mas não há uma fórmula para abrir o coração, exceto um amigo verdadeiro, com quem você pode compartilhar pesares, alegrias, temores, esperanças, suspeitas, conselhos e o que quer que esteja oprimindo o coração, em uma espécie de confissão.

É estranho observar como é alto o preço que reis e monarcas colocam neste fruto da amizade de que falamos; é tão alto que o compram muitas vezes, colocando em risco sua própria segurança e grandeza. Porque os príncipes, em relação à distância entre sua fortuna e aquela de seus súditos e servos, não podem colher este fruto, exceto (se forem capazes disso) se elevarem algumas pessoas à condição de companheiros e quase iguais, o que muitas vezes é inconveniente. As línguas modernas dão a tais pessoas o nome de *favoritos* ou *particulares*, como se fosse uma questão de virtude ou intercâmbio social. Mas o nome romano, ligado ao verdadeiro uso e causa disso, é *participes curarum*[236], por-

233 Aludindo a 1Coríntios 13. 1.

234 Uma grande cidade é uma grande solidão (de Erasmo, *Adágios*).

235 Composto gorduroso e acastanhado, retirado de glândulas do períneo do castor, muito usado na medicina antiga (N.T.).

236 Parceiros nos cuidados.

que são os que dão o nó. E vemos plenamente que isto tem sido feito, não apenas por príncipes fracos e passionais, mas também pelos mais sábios e políticos que já reinaram, que frequentemente se juntaram a alguns de seus servos, que tanto um quanto outros se chamam de *amigos*, e permitiram que outros igualmente assim os chamassem, usando a palavra admitida entre homens na vida privada.

L.Sulla, quando comandou Roma, elevou Pompeu (após tê-lo denominado de o Grande) a essa altura, o que fez Pompeu vangloriar-se de ter superado Sulla. Porque, quando nomeou um amigo seu para o consulado, contra a vontade de Sulla, este se ofendeu por causa disso, e começou a falar alto. Pompeu voltou-se para ele novamente e, de fato, mandou-o ficar quieto, *porque os homens gostam mais do sol nascente do que do poente*[237]. Com Júlio César, Décimo Bruto obteve tal benefício, quando ele o nomeou herdeiro em seu testamento depois de seu sobrinho. E este foi o homem que teve o poder de provocar a sua morte. Porque, quando César tivesse dissolvido o Senado, por causa de alguns maus presságios e especialmente um sonho de Calpúrnia, esse homem levantou-o gentilmente de seu trono, dizendo que esperava que ele não dissolvesse o Senado até que sua esposa tivesse um sonho melhor[238]. E parecia que seu favor era tão grande que Antônio, em uma carta citada *verbatim* em uma das *Philippics*, de Cícero, chamou-o de venéfica, "bruxa", como se ele tivesse encantado César. Augusto elevou Agripa (de nascimento humilde) a tal altura, que, quando ele consultou Mecenas sobre o casamento de sua filha Júlia, Mecenas tomou a liberdade de lhe dizer *que ele precisava ou casar sua filha com Agripa ou lhe tirar a vida; não havia um terceiro modo, já que ele o tinha feito tão grande*[239]. Com Tibério César, Sejano alcançou tal altura, pois eles eram chamados e tidos como amigos. Tibério, em uma carta a ele, disse: *Haec pro amicitia nostra non occultavi*[240] e todo o Senado dedicou um

---

237 Plutarco, *Pompeu*, XIV. 3. Sulla, †78 a.C, foi ditador romano; Pompeu, †48 a.C., um grande general romano.

238 Ver Plutarco, *César*, LXIV. 1-4 (e Shakespeare, *Júlio César*, II. 2.99).

239 Dio, *História Romana*, LIV. 6. Agripa e Mecenas eram estadistas romanos.

240 Sem considerar nossa amizade, não escondi de você essas coisas (Tácito, *Anais*, IV.40). Tibério foi imperador romano, 14-37; Sejano foi comandante da Guarda Pretoriana até sua execução em 31.

altar à Amizade, como a uma deusa, em respeito à grande amizade entre os dois. O mesmo ocorreu, senão mais, entre Sétimo Severo e Plautiano, porque ele forçou seu filho mais velho a se casar com a filha de Plautiano e frequentemente apoiava Plautiano nas afrontas que este fazia a seu próprio filho e também, em uma carta ao Senado, escreveu estas palavras: *Amo tanto o homem, que desejo que ele possa sobreviver a mim*[241]. Agora se esses príncipes tivessem sido como um Trajano, ou um Marco Aurélio[242], poderia se pensar que isso tinha vindo de uma bondade abundante da natureza, mas, sendo homens tão sábios, de tal força e severidade da mente, e amantes extremados de si mesmos como o eram, isso prova plenamente que achavam a própria felicidade (embora tão grande como sempre acontece com os mortais) incompleta, exceto se pudessem ter um amigo para completá-la; e ainda mais: eram príncipes que tinham esposas, filhos, sobrinhos e, contudo, nenhum deles conseguia dar-lhes o conforto da amizade.

Não se deve esquecer o que Comineu[243] observou de seu primeiro mestre, o Duque Carlos, o Robusto[244]; a saber: que ele não contava seus segredos a ninguém, e ainda menos aqueles segredos que o preocupavam mais. Em seguida, ele continua e diz que, próximo de sua velhice, *aquela proximidade enfraqueceu e deteriorou um pouco sua compreensão*[245]. Certamente Comineu podia ter feito também o mesmo julgamento, se lhe agradasse, de seu segundo mestre, Luis XI[246], cuja proximidade era, de fato, atormentadora. A parábola de Pitágoras é obscura, mas verdadeira: *Cor ne edito* (Não coma o coração)[247]. Certamente, traduzindo isto numa frase dura, aqueles a quem faltam amigos

---

241 Dio, *História Romana*, LXXVI, 15. Sétimo Severo foi imperador romano, 193-211; Plautiano foi comandante da Guarda Pretoriana até ser executado em 204.

242 Trajano, †117, e Marco Aurélio, †180, foram imperadores romanos.

243 Philippe de Comines, historiador francês, †1509.

244 Carlos o Corajoso, Duque de Borgonha, †1477.

245 Ver *As Memórias de Comines*, V.3.

246 Rei da França, †1483.

247 Um ditado de Pitágoras, filósofo grego do séc. VI a.C., recordado em Plutarco, *A Educação dos Filhos*, 12 (*Moralia* 17E).

para desabafar são canibais de seus próprios corações. Mas o que é mais admirável (com o que concluirei este primeiro fruto da amizade) é que esta comunicação do íntimo de um homem a seu amigo produz dois efeitos contrários, porque dobra as alegrias e reduz à metade os pesares. Pois não há quem conte suas alegrias a um amigo que não se alegre mais; e não há quem, ao contar seus pesares, não se sinta mais leve. De modo que é, na verdade, na atuação sobre a mente do homem, de virtude semelhante àquela que os alquimistas costumam atribuir à sua pedra[248] sobre o corpo desse homem, que produz todos os efeitos contrários, mas para o bem e benefício da natureza. Mas, sem apelar para o auxílio dos alquimistas, há uma imagem manifesta disso no curso normal da natureza. Porque, nas coisas materiais, a união fortalece e valoriza qualquer ação natural e, por outro lado, enfraquece e mitiga qualquer impressão violenta; e assim é com as mentes.

O segundo fruto da amizade é saudável e soberano para a compreensão, como o primeiro é para os afetos. Porque a amizade, de fato, transformaria, em termos de afeto, um dia de tormentas e tempestades em dia de tempo bom, mas traz luz à compreensão, na escuridão e confusão dos pensamentos. Isso não deve ser compreendido apenas como conselho fiel, que um homem recebe de seu amigo, mas, antes de chegar a isso, certo é que quem quer que tenha sua mente repleta de pensamentos, sua perspicácia e compreensão se aclaram e se abrem ao se comunicar com outro: os pensamentos são lançados mais facilmente e colocados mais ordenadamente; o indivíduo vê como aparecem quando transformados em palavras e, finalmente, se torna mais sábio em uma hora de conversa do que após um dia de meditação. Bem disse Temístocles[249] ao rei da Pérsia, *que a fala era como uma tapeçaria aberta e estendida, pela qual as imagens aparecem como figuras, enquanto nos pensamentos elas permanecem empacotadas*[250]. Nem está, este segundo fruto da amizade, que é o de abrir a compreensão, restrito apenas aos amigos que são capazes de dar conselhos a

248 A pedra filosofal (uma substância que, diz-se, transmutaria todos os metais em ouro e curaria as doenças).

249 General e estadista ateniense, †462 a.C.

250 Plutarco, *Temístocles*, XXIX. 3.

um homem (eles realmente são os melhores); mas, mesmo sem eles, um homem aprende sobre si mesmo e traz luz a seus próprios pensamentos e afia sua capacidade mental como se contra uma pedra que não corta. Em uma palavra: um homem faria melhor ao se relacionar com uma estátua ou quadro do que permitir que seus pensamentos sejam reprimidos.

Acrescente-se agora, para completar este segundo fruto da amizade, outro ponto que permanece mais aberto e cai na observação vulgar, que é o conselho fiel de um amigo. Heráclito[251] bem o disse em um de seus enigmas, *A luz nua é sempre a melhor.* E certo é que a luz que o homem recebe mediante o conselho de outro é mais nua e pura do que aquela proveniente de sua própria compreensão e julgamento, que é sempre inspirado e encharcado por seus afetos e costumes. Assim como há tanta diferença entre o conselho que um amigo dá e aquele que um homem dá a si mesmo, há, da mesma forma, entre o conselho de um amigo e aquele de um bajulador. Porque não há um bajulador maior do que o eu de um homem e não há remédio melhor contra a bajulação do próprio eu do que a liberdade de um amigo. O conselho é de duas espécies: uma relativa à moral, a outra aos negócios. Para a primeira, a melhor defesa para se manter a mente saudável é a admoestação fiel de um amigo. A chamada da natureza de um homem a uma estrita prestação de contas é algumas vezes um remédio muito perfurante e corrosivo. Ler bons livros sobre moralidade é algo maçante e tolo. Observar nossas falhas em outros é algumas vezes inapropriado para o nosso caso. Mas a melhor prescrição (melhor, digo eu, para se trabalhar e assumir) é a admoestação de um amigo. É estranho ver que são cometidos erros graves e muitos absurdos extremos (especialmente os maiores) por falta de se ter um amigo que alerte para esses, causando grande prejuízo tanto para a fama quanto para a fortuna. Porque, como diz S. Tiago[252], eles são como homens *que se olham algumas vezes num espelho e imediatamente esquecem suas próprias formas.* No que se refere aos negócios, um homem pode pensar, se quiser, que dois olhos não veem mais do que um; ou que um jogador vê sempre

251 Filósofo grego, †475 a.C. Para o ditado citado, ver acima p. 31.

252 S. Tiago 1.23-24.

mais do que aquele que assiste ao jogo; ou que um homem irado é tão sábio quanto aquele que recitou as vinte e quatro letras do alfabeto; ou que um mosquete pode ser disparado tanto sobre um braço quanto sobre um apoio, e tantas outras coisas desse tipo, quando o homem acha que sabe tudo. Mas no final o auxílio de um bom conselho é o que acerta o negócio. E se um homem acha que buscará conselho, mas aos pedaços, buscando conselho, num negócio, com um homem e, em outro negócio, com outro, isso é bom (Isto é, melhor talvez do que se não pedisse nenhum), mas corre dois perigos. Um, que não seja fidedignamente aconselhado, porque é coisa rara, exceto se for proveniente de um amigo perfeito e íntegro, receber conselho que não esteja subjugado e voltado para alguns fins daquele que o deu. O outro, que o conselho dado seja prejudicial e arriscado (embora no bom sentido) e tenha uma mistura de dano e remédio, como se você consultasse um médico de boa reputação em relação à cura da doença, mas que não tivesse qualquer conhecimento do seu corpo e, portanto, embora pudesse curar a doença, sobrecarregaria a sua saúde de alguma outra forma. Assim, ele cura a doença, mas mata o paciente. Apenas um amigo que conheça totalmente a condição de um homem tomará cuidado, ao ajudar em qualquer negócio atual, para frustrar alguma outra inconveniência. E, portanto, não se baseie em conselhos dispersos; eles irão mais distrair e desorientar do que estabelecer e dirigir.

Depois desses dois nobres frutos da amizade (paz nos afetos e apoio no julgamento), segue-se o terceiro fruto, que é como a romã, cheia de inúmeras sementes. Estou com isso falando de auxílio e apoio em todas as ações e ocasiões. Eis aqui a melhor maneira de representar que o múltiplo uso da amizade é o de projetar e calcular quantas coisas um homem não consegue fazer sozinho e, então, surge aquilo que era um respeitado adágio dos antigos, isto é, *que um amigo é outro eu*, porque um amigo é muito mais do que si mesmo. Os homens têm o seu tempo e morrem muitas vezes desejando algumas coisas que trazem principalmente no coração: a orientação de uma criança, o término de um trabalho e coisas semelhantes. Se um homem tem um amigo verdadeiro, pode ter quase certeza de que o cuidado dessas coisas continuará após sua morte. De modo que é como se o homem tivesse duas vidas em relação a seus desejos. O homem tem um corpo e esse corpo está confinado a um lugar; mas onde há amizade, todas as ocupações da vida são concedidas a ele e ao seu representante, porque ele pode exercê-las por meio de seu amigo. Quantas coisas há que um homem não pode, com qualquer aspecto ou graça, dizer ou fazer! Um homem raramente consegue alegar seus próprios méritos com modéstia, muito menos exaltá-los. Muitas vezes um homem não consegue se curvar para suplicar ou implorar e tantas outras situações semelhantes. Mas todas essas coisas são graciosas na boca de um amigo e ruborizariam o próprio homem. Assim, novamente, o papel de um homem tem muitas relações que ele não pode transferir. Só pode falar com seu filho como pai; com sua esposa, como marido; com seu inimigo, formalmente; enquanto um amigo pode falar como exige a ocasião e não como convém à pessoa. Mas enumerar todas essas coisas seria algo interminável. Forneci a regra, onde o homem não consegue apropriadamente desempenhar seu papel. Se não tiver um amigo, pode abandonar o palco.

28

DAS DESPESAS

Textos: 1597, MS, 1612, 1625

Riquezas são para gastar e gastar pela honra e em boas ações. Portanto, despesas extraordinárias devem ser limitadas pelo valor da ocasião, porque a ruína voluntária pode ocorrer tanto para o país de um homem, quanto para o reino dos céus. Mas as despesas comuns devem ser limitadas à condição do homem e governadas de maneira tal que estejam dentro de seus meios e não sujeitas à falsidade e abuso dos servidores, e ordenadas para melhor demonstrar que as contas podem ser menores do que foram estimadas. Certamente se um homem quiser manter a riqueza que tem em mãos, suas despesas comuns devem constituir apenas a metade de sua receita e, se quiser ficar rico, apenas um terço. Não é nenhuma infâmia para um rico descer e olhar para sua própria condição. Alguns o evitam, não apenas por negligência, mas por terem medo de caírem na melancolia, no caso de se verem arruinados. Mas as feridas não podem ser curadas sem investigação. Aquele que não consegue cuidar de suas próprias posses, precisa tanto escolher bem aqueles a quem emprega, quanto mudá-los frequentemente, porque novos empregados são mais medrosos e discretos. Aquele que consegue inspecionar seu patrimônio, mas apenas raramente, é conveniente que transforme tudo em certezas. Um homem precisa, se tiver um gasto elevado em algum tipo de despesa, ser econômico em alguma outra. Pois se gasta muito com comida, que economize no vestuário; se gasta muito na sede, que economize nos estábulos e assim por diante. Porque aquele que gasta muito em despesas de todos os tipos dificilmente será preservado da decadência. Na liquidação de seu patrimônio, um homem pode tanto se prejudicar por ser muito repentino, quanto por deixar a dívida correr por um tempo muito longo. Porque a venda precipitada em geral é tão desvantajosa quanto os juros a serem pagos. Além disso, aquele que liquida dívidas de uma vez o fará novamente, porque, encontrando-se insolvente, retornará ao seu costume, enquanto aquele que liquida dívidas gradualmente induz um hábito de frugalidade e ganha tanto em relação à sua mente quanto em relação ao seu patrimônio. Certamente quem tem posses a ser recuperadas não pode desprezar pequenas coisas e, em geral, é menos desonroso reduzir pequenos encargos do que curvar-se a pequenos ganhos. Um homem deve ter prudência ao iniciar despesas que, uma vez iniciadas, continuarão; mas em coisas que não se repetem, ele pode ser mais magnânimo.

29

DA VERDADEIRA GRANDEZA DE REINOS E ESTADOS

Textos: 1612, 1625

O discurso de Temístocles, o Ateniense[253], que foi muito orgulhoso e arrogante ao dedicar-se tanto a si mesmo, foi uma séria e sábia observação e censura aplicada amplamente aos outros. Ao lhe solicitarem, em um banquete, que tocasse um alaúde, ele disse que *Ele não conseguiria tocá-lo, mas poderia tornar grande uma pequena cidade*[254]. Essas palavras (ajudadas um pouco por uma metáfora) podem expressar duas diferentes habilidades naqueles que lidam com os negócios de um Estado. Porque, se uma pequena pesquisa for feita com os conselheiros e estadistas, pode se verificar (embora raramente) aqueles que podem tornar grande um pequeno Estado e, contudo, não conseguem tocar um instrumento; por outro lado, pode-se encontrar um grande número que conseguem tocar com habilidade, mas estão muito distantes de serem capazes de tornar grande um Estado pequeno, pois seu dom é outro: o de levar um Estado grande e florescente à ruína e decadência. E certamente as artes e expedientes degenerados, pelos quais muitos conselheiros e governantes ganham tanto o favor de seus mestres quanto a estima do povo, não merecem nome melhor do que trapaça,

---

253 General e estadista ateniense, †460 a.C.

254 Plutarco, *Temístocles*, II.3 e *Cimon*, IX.1.

pois tais coisas são mais agradáveis naquela hora, e a eles próprios apenas, do que o progresso do Estado a que servem. Há também (sem dúvida) conselheiros e governantes, que podem ser competentes (*negotiis pares*[255]), capazes de administrar negócios e mantê-los afastados de precipícios e inconveniências manifestas. Contudo, esses indivíduos estão longe de possuir a habilidade de elevar e amplificar o poder, os meios e a fortuna de um Estado. Mas sejam o que puderem ser os trabalhadores, falemos do trabalho, isto é, a verdadeira grandeza de reinos e Estados e os meios para isso. Um argumento apropriado para que príncipes grandes e poderosos tenham à mão é o de, no final, não supervalorizar suas forças, para não se perderem em empreitadas vãs, nem, por outro lado, subavaliá-las a ponto de descerem a deliberações pusilânimes e medrosas.

A grandeza de um Estado, em magnitude e território, deve ser sob medida, e a grandeza das finanças e rendas sob cálculo. A população pode ser conhecida pelos censos e o número e a grandeza das cidades por mapas. Mas ainda não há nada, em assuntos civis, mais sujeito a erros do que a avaliação correta e o verdadeiro julgamento relativo ao poder e forças de um Estado. O reino dos céus é comparado não a qualquer grande semente ou noz, mas a um grão de semente de mostarda[256], que é uma das menores, mas tem em si a propriedade e o espírito de rapidamente crescer e se espalhar. Assim há Estados grandes em território e, contudo, não aptos a crescer ou comandar e há alguns, de pequenas dimensões, aptos a serem as fundações de grandes monarquias.

Cidades muradas, arsenais e armamentos estocados, cavalos de boa raça, carros de guerra, elefantes, e coisas semelhantes, tudo isso é apenas ovelha em pele de leão, se a raça e a disposição do povo não forem robustas e guerreiras. E mais: o próprio número das tropas não importa muito onde as pessoas não têm coragem, porque (como diz Virgílio) *um lobo nunca se preocupa com o número de ovelhas*[257]. O exército dos persas, nas planícies de Arbela, era um mar tão vasto de gente,

---

255 Homens que são iguais na condução dos negócios.

256 Ver Mateus 13.31.

257 Ver *Eclogues*, VII.52.

que surpreendeu um pouco os comandantes do exército de Alexandre, que foram até ele para recomendar que o ataque fosse realizado à noite. E ele respondeu que *não se furtaria à vitória*[258]. E a derrota dos persas foi fácil. Quando Tigranes, o Armênio[259], tendo acampado em uma montanha com 400 mil homens, descobriu que o exército romano, com não mais de 14 mil soldados, estava marchando em sua direção, ficou satisfeito consigo mesmo e disse: *Aqueles homens eram muitos para uma embaixada e muito poucos para uma batalha*[260]. Mas, antes do sol se pôr, ele verificou que o número era suficiente para persegui-lo e houve imensa carnificina. Muitos são os exemplos da grande desproporção entre número e coragem. De modo que um homem pode verdadeiramente julgar que o ponto principal da grandeza de qualquer Estado é ter uma raça de guerreiros. Nem é o dinheiro o músculo da guerra (como geralmente se diz), onde falham os tendões dos braços dos homens, em povos desprezíveis e efeminados. Porque Sólon bem o disse a Creso (quando este, em ostentação, mostrou-lhe seu ouro): *Senhor, se algum outro vier com ferro melhor que o seu, será o dono de todo este ouro*[261]. Portanto, que príncipe ou Estado pense sobriamente a respeito de suas forças, exceto se sua milícia for formada por bons e valentes soldados. E que, por outro lado, os príncipes que possuam súditos com disposição marcial conheçam a sua própria força, a menos que sejam, em caso contrário, carentes deles. Quanto às forças mercenárias (que, neste caso, é a ajuda), todos os exemplos demonstram que, qualquer que seja o príncipe ou o Estado que se apoie nelas, *pode abrir suas asas por algum tempo, mas logo depois terá de recolhê-las.*

As bênçãos de Judá e Issacar nunca se encontrarão, *porque o mesmo povo ou nação não pode ser tanto o filhote do leão quanto*

---

258 Plutarco, *Alexandre*, XXXI.7.

259 Rei da Armênia, séc. I a.C; derrotado por um exército romano sob as ordens do cônsul Lucullus, ele finalmente submeteu-se a Pompeu.

260 Plutarco, *Lucullus*, XXVII.4.

261 Bacon deriva esta passagem (e muito do ensaio) de Maquiavel, *Discursos*; aqui, do II. 10, uma seção com o título "Dinheiro não é Fundo de Guerra, como geralmente se supõe". Sólon foi estadista, legislador e poeta ateniense, que, posteriormente, foi reverenciado como um dos Sete Sábios da Grécia. Creso, proverbial por sua riqueza, foi rei da Lídia, no sec. VI a.C.

o burro de carga[262]: nem ocorrerá que um povo sobrecarregado de impostos se torne valoroso e marcial. É verdade que os impostos lançados por consentimento pelo Estado abatem menos a coragem dos homens, como notadamente se vê nos impostos dos Países Baixos e, em certo grau, nos subsídios da Inglaterra. Porque você precisa observar que falamos agora do coração e não do bolso. De modo que, embora o mesmo tributo ou taxa, lançado por consentimento ou imposição, seja sempre a mesma coisa para o bolso, age de modo diferente sobre a coragem. Assim podemos concluir *que nenhum povo sobrecarregado por tributos convém ao império.*

Que os Estados que aspiram à grandeza cuidem para que sua nobreza e seus cavalheiros não se multipliquem muito rapidamente. Porque isso transforma o súdito comum em camponês e sujeito vil, sem alma, e de fato apenas um trabalhador braçal do cavalheiro. Como podemos ver até nos bosques: se deixarmos os arbustos jovens engrossarem muito seus troncos, nunca teremos um bosque limpo de vegetação rasteira, mas um emaranhado de arbustos. O mesmo ocorre com os países. Se houver muitos cavalheiros, o povo irá tornar-se ordinário e, se for preciso convocá-lo, nenhuma cabeça em cem irá se ajustar a um elmo, especialmente na infantaria, que é o nervo de um exército. Assim, a população será grande, mas terá pouca força. Isso que estou falando é mais bem observado na comparação entre Inglaterra e França, onde a Inglaterra, embora com população e território muito menores, ultrapassa a França, porque a classe média da Inglaterra produz bons soldados, o que não ocorre com os camponeses da França. E aqui o estratagema do Rei Henrique VII (de que falei amplamente na história de sua vida[263]) foi profundo e admirável, colocando fazendas e casas agrícolas sob um estandarte, isto é, manteve a proporção entre eles, o que permitiu aos súditos viverem em abundância conveniente e nenhuma condição servil, e mantendo a terra arada nas mãos dos proprietários e não nas de mercenários. E assim, de fato, alcançaremos o caráter que Virgílio deu à antiga Itália:

---

262 De Gênesis 49.9 e 14. Judá e Issacar eram filhos de Jacó.

263 Ver *Obras* VI. 93-5.

Terra potens armis atque úbere glebae[264].

Nem deve essa parte da sociedade (que, por tudo o que sei, é quase peculiar à Inglaterra e dificilmente é encontrada em algum outro lugar, exceto talvez na Polônia) ser ignorada; quero dizer: o Estado de servidores e auxiliares livres junto aos nobres e cavalheiros, que de maneira nenhuma são inferiores aos braços da classe de pequenos proprietários rurais. E, portanto, é fora de qualquer questão que o esplendor e a magnificência e grande pompa e hospitalidade dos nobres e cavalheiros, recebidas como costume, conduzem muito à grandeza marcial. Entretanto, caso contrário, a vida reservada e fechada desses homens leva à penúria das forças militares.

Devemos nos assegurar, por todos os meios, que o tronco da árvore da monarquia de Nabucodonosor seja grande o suficiente para suportar galhos e ramos, isto é, que os súditos naturais da coroa ou do Estado estejam em proporção suficiente aos súditos estrangeiros por eles governados[265]. Portanto, todos os Estados que são liberais em relação à naturalização de estrangeiros estão aptos ao império. Quanto a pensar que um punhado de pessoas pode, com a maior coragem e a melhor política no mundo, abarcar um domínio de grande extensão – isso pode ser sustentado por algum tempo, mas falhará repentinamente. Os espartanos foram um povo mesquinho no que se refere à naturalização, pelo que, enquanto se mantiveram dentro de suas fronteiras, permaneceram firmes, mas, quando se espalharam, seus ramos tornaram-se muito grandes para o seu tronco e, repentinamente, tornaram-se árvore derrubada pelo vendaval. Nunca nenhum Estado esteve neste ponto tão aberto a receber estrangeiros em seu corpo como os romanos. Portanto, isto foi bom para eles, pois chegaram a ser a maior monarquia. Eles concediam naturalização (o que chamavam de *jus civitatis*[266]) e concediam-na no mais alto grau, isto é, não apenas *jus commercii, jus connubii, jus haereditatis,* mas também *jus suffra-*

---

264 Uma terra poderosa em armas e na riqueza do solo (*Eneida*, I.531).

265 Ver Daniel 4.10-12 (para o sonho de Nabucodonosor) e Maquiavel, *Discursos*, II.3.

266 Direito dos Cidadãos.

gii e *jus honororum*[267]. E isso não apenas para pessoas solteiras, mas para famílias inteiras, sim, para cidades e algumas vezes para nações. Acrescente-se a isso o seu costume de implantar colônias, pelo que a planta romana foi transferida para o solo de outras nações. E reunindo ambas as constituições, se poderia dizer que não foram os romanos que se espalharam pelo mundo, mas que foi o mundo que se espalhou sobre os romanos. E este foi o caminho certo para a grandeza. Fico, algumas vezes, maravilhado com a Espanha: como eles abarcam e retêm domínios tão grandes com tão poucos espanhóis naturais. Mas certamente todo território espanhol é o corpo muito grande de uma árvore, muito acima de Roma e Esparta inicialmente. E, além disso, embora não tenham tido o costume de naturalizar liberalmente, tiveram de ter aquilo que é mais próximo a isso, isto é, empregar quase indiferentemente todas as nações em seus exércitos de soldados comuns e, algumas vezes, em seus mais altos postos de comando. E mais: parece que nesse instante são sensíveis a esse desejo de nativos, como parece na Sanção Pragmática agora publicada[268].

É certo que artes sedentárias e caseiras, bem como manufaturas delicadas (que exigem mais o dedo do que o braço) são de natureza contrária à disposição militar. E, em geral, todos os povos guerreiros são um pouco ociosos e amam mais o perigo do que o trabalho. Nem devem ser afastados disso, se precisam ter seu vigor preservado. Portanto, foi uma grande vantagem, nos tempos antigos, de Esparta, Atenas, Roma e outros poderem fazer uso de escravos, que geralmente cuidavam dessas manufaturas. Mas a escravidão foi abolida em grande parte pela lei cristã. O que mais se aproxima disso é deixar tais artes principalmente nas mãos dos estrangeiros (os quais, para esse propósito, são mais facilmente recebidos) e reter o corpo principal de nativos comuns dentro daqueles três tipos: lavradores, servos livres e artesãos de artes fortes e varonis (como ferreiros, pedreiros, carpinteiros, etc.) não computados como soldados profissionais.

---

267 Não apenas os direitos de comércio, casamento e herança, mas também o direito a voto e o direito de ter escritório público.

268 Em 1622, o Rei Felipe IV lançou um decreto que dava privilégios a nativos da Espanha que fossem casados e imunidades adicionais àqueles que tivessem seis filhos ou mais.

Mas, acima de tudo, para o império e a grandeza, importa mais que uma nação declare as armas como sua principal honra, estudo e ocupação, porque as coisas que citamos anteriormente são apenas habilitações para as armas, e o que é a habilitação sem intenção e ação? Rômulo, após sua morte (como relatam ou inventam) enviou um presente[269] aos romanos, que acima de tudo deviam dar atenção constante às armas e, então, se tornariam o maior império do mundo. A estrutura do Estado de Esparta foi totalmente (embora não sabiamente) moldada e composta para esse objetivo e fim. Os persas e macedônios tiveram isso por um breve momento. Os gauleses, os germânicos, os godos, os saxões, os normandos e outros tiveram por um tempo. Os turcos têm isso atualmente, embora em grande declínio. Da Europa cristã, aqueles que o têm, de fato, são apenas os espanhóis. Mas é tão óbvio *que todo homem lucra naquilo em que mais insiste*, que não é necessário dizer mais. É suficiente apontar que nenhuma nação que não professe armas pode esperar que a grandeza caia em suas mãos. E, por outro lado, é o mais certo oráculo do tempo que aqueles Estados que permanecem nessa profissão de fé (como o fizeram principalmente os romanos e turcos) realizam maravilhas. E aqueles que professaram armas apenas por uma era, em geral alcançaram, não obstante, a grandeza nessa era e retiveram-na até muito tempo depois, quando sua profissão e exercício das armas já tinham entrado em declínio.

Incide também neste ponto o fato de que um Estado precisa ter aquelas leis e costumes de que podem lançar mão apenas em ocasiões (como naquelas em que podem ser usadas como desculpa) de guerra. Pois há aquela justiça impressa na natureza dos homens de que não entram em guerras (nas quais ocorrem tantas calamidades), apenas em algumas, no mínimo por causas e razões plausíveis. Os turcos têm à mão, por causa da guerra, a propagação de sua lei ou seita, uma causa que podem sempre invocar. Os romanos – embora avaliassem a extensão de seu império como a grande honra de seus generais, quando era obtida tal extensão – nunca se basearam apenas nisso para começar outra. Portanto, primeiro, que as nações que têm pretensão à grandeza tenham isto: sejam sensíveis às transgressões, sejam aquelas de frontei-

269 i.e.: Uma mensagem. Segundo Lívio, *História,* I.16, Rômulo, o lendário fundador de Roma, transmitiu seu conselho aos romanos após sua morte.

ras, sejam de mercadores ou ministros de Estado, e que não demorem muito a responder a uma provocação. Segundo: que estejam prontas a dar auxílio e socorro aos seus confederados. Isso sempre aconteceu com os romanos, de tal maneira que, se o confederado tivesse alianças defensivas com outros Estados e houvesse uma invasão, o invadido implorava o auxílio desses aliados; contudo, os romanos sempre eram os primeiros e não permitiam a nenhum outro ter essa honra. Quanto às guerras, que antigamente eram feitas no interesse de uma espécie de partido ou em conformidade tácita com um Estado, não vejo como poderiam ser bem justificadas, como quando os romanos entraram em guerra pela liberdade da Grécia[270], ou quando lacedemônios e atenienses guerrearam[271] para estabelecer ou derrubar democracias ou oligarquias; ou quando guerras foram feitas por estrangeiros, sob o pretexto de justiça ou proteção, para libertar súditos de outros da tirania e opressão e situações semelhantes. É suficiente que nenhum Estado espere ser grande, se não estiver alerta para qualquer justa ocasião de ir às armas.

Ninguém pode ser saudável sem exercício, tanto no corpo natural, quanto no político e certamente para um reino ou Estado uma guerra justa e honorável é o verdadeiro exercício. De fato, uma guerra civil é como o calor de uma febre; mas uma guerra com o estrangeiro é como o calor do exercício e serve para manter o corpo saudável. Porque, numa paz indolente, tanto a coragem irá se afeminar, quanto os costumes se corromper. Mas, por mais que seja pela felicidade, sem se considerar a grandeza que traz, é bom estar quase sempre em armas e a força de um exército veterano (embora seja um negócio caro) sempre em movimento. É isso o que geralmente dá a supremacia ou pelo menos a reputação entre os Estados vizinhos. Como se pode bem ver na Espanha, que mantém um exército veterano por cento e vinte anos contínuos.

Ser o senhor dos mares é a síntese de uma monarquia. Cícero, escrevendo a Ático, sobre os preparativos de Pompeu contra César, disse: *Consilium Pompeii plane Themistocleum est; putat enim, qui*

---

270 Quando a segunda Guerra Macedônia terminou em vitória para Roma, em 197 a.C., os romanos declaram a Grécia livre do domínio de Felipe V da Macedônia.

271 A Guerra do Peloponeso, no sec. V a.C., entre Atenas e Esparta (ou Lacedemônia).

mari potitur, eum rerum potiri[272]. E sem dúvida Pompeu teria esgotado César, se em vã confiança não tivesse abandonado tal caminho. Vemos os grandes efeitos de batalhas navais. A batalha de Actium[273] decidiu o império do mundo. A batalha de Lepanto[274] controlou a grandeza dos turcos. Há muitos exemplos onde batalhas navais terminaram a guerra, mas isso ocorria quando príncipes ou Estados apostavam tudo nas batalhas. Contudo, é bem certo que aquele que comanda os mares tem grande liberdade e pode participar à vontade da guerra, enquanto aqueles que são mais fortes em terra enfrentam muitas vezes grandes dificuldades. Certamente hoje, na Europa, a vantagem da força marítima (que é um dos principais dotes deste reino da Grã Bretanha) é grande, tanto porque a maioria dos reinos da Europa não é inteiramente interior, mas circundados pelo mar na maior parte de seu território, quanto pelo fato de ambas as Índias parecerem em grande parte apenas um acessório para o comando dos mares.

As guerras dos últimos tempos parecem ser feitas no escuro, no que se refere à glória e à honra refletidas nos homens das guerras dos tempos antigos. Há agora, para o encorajamento marcial, alguns graus e ordens de nobreza que, não obstante, são conferidos promiscuamente a soldados e não soldados e algum reconhecimento, talvez com um brasão, e alguns hospitais para soldados mutilados e coisas semelhantes. Mas, nos tempos antigos, os troféus erguidos no local da vitória, os elogios fúnebres e os monumentos àqueles que morreram nas guerras, as coroas e guirlandas pessoais, o título de *emperor*[275] – que os grandes reis do mundo posteriormente adotaram –, as procissões triunfais dos generais em seu retorno, as grandes doações e recompensas na

272 O plano de Pompeu era verdadeiramente temistocleano, porque ele achava que quem quer que tivesse o comando dos mares dominaria tudo (de *Cartas a Ático*, X.8). A batalha de Pompeu contra Júlio César terminou com sua derrota no campo de batalha de Farsala. Pompeu fugiu para o Egito, mas foi assassinado lá em 48 a.C.

273 Em 31 a.C., quando Augusto derrotou Marco Antônio e Cleópatra. Depois se tornou o primeiro imperador romano.

274 Em 1571, quando as tropas da Espanha derrotaram aquelas do Império Otomano.

275 Era costume que os soldados romanos, após uma vitória, saudassem seu general com o título de "imperador" ou *emperor*.

debandada das tropas, eram coisas capazes de inflamar toda a coragem dos homens. Mas, acima de tudo, o triunfo entre os romanos não era desfile ou ostentação, mas uma das mais sábias e nobres instituições, porque continha três coisas: honra ao general, riquezas para o tesouro provenientes do espólio de guerra, e doações aos soldados. Mas tal honra talvez não fosse apropriada às monarquias, exceto se fosse na pessoa do próprio monarca, ou de seus filhos, como era no tempo dos imperadores romanos, que se apropriavam dos verdadeiros triunfos para si e seus filhos, porque conduziam pessoalmente essas guerras, deixando apenas, para aquelas conduzidas por súditos, algumas roupas triunfais e insígnias para os generais.

Para concluir: nenhum homem pode, pelo cuidado que tiver (como diz a Escritura[276]), *acrescentar um cúbito à sua estatura*, neste pequeno modelo de um corpo humano[277]. Mas, na grande estrutura de reinos e comunidades, é poder de príncipes ou Estados acrescentar amplitude e grandeza a seus reinos. Porque, ao introduzir tais ordenações, constituições e costumes, como os que temos agora, eles podem semear grandeza à sua posteridade e sucessão. Contudo, tais coisas em geral não são observadas, mas deixadas ao acaso.

276 Mateus 6.27 e Lucas 12.25.

277 Nesta coisa de tão pequena escala que é o corpo humano.

30

DO DOMÍNIO DA SAÚDE

Textos: 1597, MS, 1612, 1625

Há uma sabedoria aqui que vai além das regras da medicina: a própria observação do homem, daquilo que ele acha que é bom e do que é ruim, é a melhor medicina para preservar a saúde. Mas uma conclusão mais segura é *Isso não me faz bem; portanto, não continuarei com ele* do que *Não acho que isso seja prejudicial; portanto posso usá-lo.* Porque a força da natureza na juventude tolera muitos excessos, que serão cobrados do homem na velhice. Encare os anos futuros e nem pense em continuar fazendo as mesmas coisas, porque a idade não resistirá. Acautele-se contra mudanças repentinas em qualquer ponto da alimentação e se a necessidade obriga tal mudança, ajuste o restante a ela. Pois é um segredo, tanto da natureza quanto do Estado, que é mais seguro mudar muitas coisas do que apenas uma. Examine os seus costumes alimentares, o sono, o exercício, o vestuário e tente, em qualquer coisa que julgue prejudicial, descontinuá-la pouco a pouco, mas de um modo que, se achar alguma inconveniência na mudança, possa voltar atrás, porque é difícil distinguir aquilo que é geralmente tido como bom daquilo que é bom particularmente a você e é apropriado ao seu corpo. Estar despreocupado e bem disposto nas horas de refeição, de sono e de exercício é um dos melhores preceitos da vida longa. Quanto às paixões e considerações mentais, evite a inveja, os temores ansiosos, a raiva que corrói, as inquisições sutis e complicadas, as alegrias e divertimentos em excesso, a tristeza não comunicada. Alimente as esperanças, a alegria mais do que o prazer, a variedade de deleites mais do que fartar-se deles, a surpresa e a admiração (e, portanto, as novidades), os estudos que preenchem a mente com objetos esplêndidos e nobres (como histórias, fábulas e contemplações da natureza). Se evitar completamente a medicina em questões de saúde, ela será muito estranha a seu corpo, quando dela precisar. Se a tornar muito familiar, ela não produzirá um efeito extraordinário, quando a doença vier. Recomendo mais uma certa alimentação para algumas estações do que o uso frequente da medicina, exceto no caso de ter se tornado um costume, porque tais dietas modificam mais o corpo e o perturbam menos. Não menospreze nenhuma alteração em seu corpo; consulte um médico. Na doença, respeite principalmente a saúde; e, na saúde, a ação. Pois aqueles que cuidam de seu corpo na saúde podem, na maioria das doenças que não são muito severas, ser curados apenas com dieta e assistência cuidadosa. Celso[278] nunca poderia ter falado disso como médico, se não tivesse sido também um homem sábio, quando recomendou um dos maiores preceitos da saúde e da longa vida: que o homem variasse e alternasse os contrários, mas com uma tendência para o extremo mais benigno, ou seja, jejuar e comer de tudo, mas mais comer de tudo; vigília e sono, mas mais sono; descanso e exercício, mas mais exercício e coisas semelhantes. Assim, que a natureza seja alimentada e ainda instruída no controle das doenças. Alguns médicos são tão ansiosos em agradar e se conformar ao humor do paciente, que não estimulam a verdadeira cura da doença; outros são tão regulares nos procedimentos relativos à arte de cura daquela doença, que não respeitam suficientemente a condição do paciente. Escolha um que esteja entre esses dois tipos ou, se não for encontrado, combine as duas espécies e não se esqueça de chamar aquele que melhor conhece o seu corpo, bem como o mais renomado nessa habilidade.

---

278 Escritor romano do sec. I d.C., que compilou uma enciclopédia, aproximadamente de tudo aquilo que, exceto os livros médicos, está perdido. Bacon refere-se (e distorce) estes "preceitos de saúde" em outro lugar (ver *Obras*, V. 262).

31

DA SUSPEITA

Texto: 1625

Suspeitas nos pensamentos são como morcegos no meio de pássaros: sempre voam no crepúsculo. Certamente devem ser reprimidas ou, pelo menos, bem guardadas, pois nublam a mente, perdem amigos e interferem nos negócios, ao impedirem que prossigam normal e constantemente. Elas dispõem reis à tirania, maridos ao ciúme, homens sábios à irresolução e melancolia. São defeitos, não no coração, mas no cérebro, porque ocorrem nas naturezas mais resolutas, como no exemplo de Henrique VII, da Inglaterra. Não houve homem mais desconfiado, nem mais resoluto. E neste tipo de temperamento, elas causam um mal pequeno, porque geralmente não são admitidas, exceto se, sob exame, são prováveis ou não. Mas nas naturezas temerosas, ganham terreno muito rapidamente. Não há nada que faça um homem suspeitar mais do que saber pouco e, portanto, os homens deveriam curar a suspeita buscando saber mais e não manter a suspeita reprimida. O que querem os homens? Será que pensam que empregam e lidam com santos? Será que acham que eles têm seus próprios objetivos e que a estes serão mais fiéis? Portanto, não há melhor caminho para moderar as suspeitas do que considerá-las como verdadeiras e refreá-las como falsas. Porque por enquanto o homem deve fazer uso das suspeitas, bem como prevenir-se, no caso de ser verdadeiro aquilo que ele suspeita, para que não lhe possa ser prejudicial. Suspeitas que a própria mente engendra são apenas zumbidos, mas suspeitas artificialmente nutridas e colocadas na cabeça do homem, por histórias e sussurros dos outros, são ferroadas. Certamente o melhor meio para limpar o caminho na selva das suspeitas é comunicá-las francamente à pessoa de quem se suspeita, porque assim fica se sabendo mais do que anteriormente e, com isso, a pessoa de quem se suspeita torna-se mais circunspecta e procura não dar mais margem para suspeitas posteriores. Mas isso não deve ser feito com homens de natureza vil, porque eles, ao se encontrarem mais uma vez sob suspeita, nunca mais serão verdadeiros. Os italianos dizem *Sospetto licentia fede*[279], como se a suspeita desse um salvo-conduto à fidelidade; mas é preciso primeiro por fogo nela para que se consuma.

279 A suspeita dá licença à fidelidade.

32

DO DISCURSO

Textos: 1597, MS, 1612, 1625

Alguns, em seu discurso, desejam mais o elogio à inteligência, ao serem capazes de sustentar todos os argumentos, do que o julgamento se são capazes de discernir o que é verdade, como se fosse mérito saber o que pode ser dito e não o que deve ser pensado. Alguns lançam mão de certos lugares-comuns e temas nos quais são bons e querem variedade. Este tipo de pobreza é na maior parte tedioso e, quando percebido, ridículo. A parte mais honorável da conversa é dar oportunidade e novamente moderar e passar para algo mais, porque então o homem conduz a dança. É bom, no discurso e na conversa, variar e misturar o tema da ocasião com argumentos, histórias com razões, fazendo perguntas para expor opiniões e pilhérias com seriedade, porque é grosseiro cansar e, como dizemos agora, levar um assunto longe demais. Quanto a pilheriar, há certas coisas que devem ser poupadas, a saber: religião, assuntos de Estado, grandes personalidades, qualquer negócio importante de algum homem presente e qualquer caso que mereça piedade. Contudo, há alguns que acham que suas faculdades mentais cairão no sono, se não falarem algo picante e sagaz. Essa é uma veia que deve ser refreada:

Parce, puer, stimulis, et fortius utere loris[280].

280 Poupe o chicote, menino, e bata mais forte nos reinos (Ovídio, *Metamorfoses*, II. 127).

E geralmente os homens devem encontrar a diferença entre o salgado e o amargo. Certamente aquele que tem uma veia satírica faz os outros temerem sua sagacidade, de modo que ele precisa temer a memória dos outros. Aquele que questiona muito aprenderá muito e agradará muito, especialmente se fizer perguntas relativas às habilidades daquele a quem pergunta, porque dá a tal pessoa a oportunidade de se autossatisfazer ao falar e aquele que perguntou continuamente colherá conhecimento. Mas que suas perguntas não sejam inoportunas, porque isso é adequado a um inquisidor. E que ele se certifique de deixar que outros tenham a sua vez de falar. E mais: se houver aquela pessoa que quer dominar a conversa o tempo todo, que encontre os meios para afastá-la e trazer os outros para a conversa, como fazem os músicos com aqueles que gostam de dançar *galliards*[281] muito longas. Se você algumas vezes dissimula o seu conhecimento daquilo que pensam que você sabe, em outras ocasiões as pessoas vão achar que você sabe aquilo que não sabe. Conversas a respeito de si mesmo devem ser raras e bem escolhidas. Conheci alguém que gostava de dizer com desprezo: *Ele deve ser um homem sábio, pois fala muito de si mesmo.* E há apenas um caso em que um homem pode falar de si mesmo com graça e que é o elogio à virtude de outro, especialmente se é a virtude que ele pretende para si mesmo. Falar do comportamento de outros é coisa que deve ser parcamente feita, pois o discurso deve ser como um campo, sem retorno ao lar para qualquer homem. Conheci dois nobres, da região oeste da Inglaterra, em que um era adepto das zombarias, mas que sempre mantinha a alegria em sua casa; o outro perguntava àqueles que tinham compartilhado da mesa do primeiro: *Diga a verdade, houve alguma zombaria ou comentário sarcástico?* Ao que o convidado respondia: *Aconteceu isso e aquilo.* O Lorde dizia: *Sabia que ele arruinaria um bom jantar.* A discrição na fala é mais do que eloquência e falar agradavelmente é mais do que usar boas palavras ou boa ordem. Uma conversa contínua sem boa interlocução demonstra lenta compreensão e uma boa réplica ou resposta, sem um bom discurso, demonstra pouca profundidade e fraqueza. Como vemos nas bestas, as que são mais fracas na largada, são, contudo, mais ágeis na curva, como ocorre com os galgos e a lebre. Utilizar muitas observações introdutórias para chegar ao assunto é cansativo; não usar nenhuma é brusco.

---

281 Dança do século XVI (N.T.).

33

DAS COLÔNIAS

Texto: 1625

As colônias estão entre os trabalhos antigos, primitivos e heroicos. Quando o mundo era jovem, produzia mais crianças. Mas agora está velho e produz menos. Por isso, posso contar justamente as novas colônias como as crianças dos antigos reinos. Acho bom que a colônia esteja em solo puro, isto é, onde ninguém precisou ser desterrado para ir plantar em outro lugar, pois isso é antes uma extirpação do que uma colonização. Povoar países é como cultivar um bosque, porque é preciso levar em conta o desperdício do lucro de quase vinte anos, esperando sua recompensa no final. Porque o que causa a destruição da maioria das colônias é o saque vil e ganancioso de lucro nos primeiros anos. É verdade que o lucro rápido não deve ser negligenciado, desde que possa ser sustentado junto com o bem da colônia, mas nada além disso. É uma vergonha e uma maldição formar o povo de uma colônia com a escória de outro povo e com degredados, e não apenas isso, pois há a pilhagem da colônia, uma vez que essas pessoas viverão sempre como vagabundos, não trabalharão, pois são preguiçosos e causarão prejuízos; gastarão as provisões e rapidamente ficarão entediados e então isso tudo será relatado em seu país, para descrédito da colônia. As pessoas que deveriam povoar uma colônia deveriam ser jardineiros, agricultores, operários, ferreiros, carpinteiros, marceneiros, pescadores, caçadores, com alguns poucos farmacêuticos, cirurgiões, cozinheiros e padeiros. Em uma colônia, primeiro se busca que tipo de provisão há no local, tais como nozes, castanhas, abacaxis, azeitonas, tâmaras, ameixas, cerejas, mel silvestre e assemelhados e deles fazer uso. Depois, é preciso considerar que provisões ou coisas comestíveis podem ser plantadas e que cresçam rapidamente e dentro de um ano, tais como pastinaca, cenouras, nabos, cebolas, rabanetes, alcachofras de Jerusalém, milho e assemelhados. Porque o trigo, a cevada e a aveia exigem muito trabalho, mas pode se começar com ervilhas e feijões, pois ambos exigem menos trabalho e servem como carne e também como pão. E do mesmo modo o arroz, que cresce muito e é uma espécie de carne. Acima de tudo, no início, deve se levar para a colônia um estoque de biscoitos, aveia, farinha de trigo e farinhas de outros cereais, até que se possa produzir pão. Em relação a animais ou aves, é preciso levar principalmente aqueles menos sujeitos a doenças e que se multiplicam mais rapidamente, como os suínos, os caprinos, os galináceos, perus, gansos, pombos, etc. As provisões em uma colônia devem ser gastas quase como em uma cidade sitiada, isto é, com certa tolerância. E que a parte principal do solo empregada para hortas ou milho façam parte de uma reserva comum, a ser armazenada e guardada e, depois, distribuída proporcionalmente; além disso, alguns pedaços de terra que alguém possa querer cultivar privadamente. Considere, do mesmo modo, que produtos o solo da colônia pode produzir naturalmente, que possam de alguma maneira ajudar a custear os encargos da colônia, sem prejuízo do negócio principal, como tem sido com o tabaco na Virgínia. A madeira geralmente é abundante e, portanto, serve para tal propósito. Se houver minério de ferro, e riachos onde estabelecer moinhos, o ferro é um produto excelente onde a madeira abunda. Instalar uma baía de sal, se o clima for adequado para tal, seria uma boa experiência. Do mesmo modo, a criação de bicho-da-seda, se viável, é uma produção provável. O piche e o breu, onde houver abetos e pinheiros, não falharão. Produtos medicinais e erva-doce, onde houver, trarão grande lucro. Do mesmo modo, o sabão de cinzas e outras coisas que se possa imaginar. Mas não escave muito o subsolo, porque a busca de minas é muito incerta e costuma deixar os colonos muito preguiçosos em relação a outras coisas. Quanto ao governo, que fique nas mãos de uma pessoa, assistida por algum tipo de Conselho e que tenha uma comissão para executar as leis marciais, com alguma limitação. E, acima de tudo, que os homens tenham lucro por estarem em lugar ermo, enquanto estiverem com Deus e o serviço a Ele diante dos olhos. Que o governo da colônia não dependa de muitos conselheiros e empreiteiros, mas de um número moderado deles, e que sejam antes nobres e cavalheiros do que mercadores, porque estes sempre buscam o lucro presente. Que haja liberdade de costumes até que a colônia seja forte e não apenas essa liberdade, mas liberdade para transportar seus produtos para onde possam fazer melhor uso deles, exceto se houver alguma causa especial de cautela. Não abarrote a colônia de pessoas, enviando-as muito rapidamente, grupo após grupo, mas antes observe atentamente quanto elas gastam, enviando provisões proporcionalmente, para que aquele número de pessoas possa viver bem na colônia e não viva na penúria. É coisa muito perigosa à saúde de algumas colônias que sua implantação seja feita ao longo da costa marítima e de rios, em pântanos e solos insalubres. Então, ainda que a colônia comece nesses lugares, para evitar carretos e outros desconfortos, construa mais acima dos rios e não ao longo deles. Da mesma forma, em relação à saúde da colônia, que ela tenha um bom estoque de sal, que podem usar em suas provisões sempre que necessário. Se colonizar em locais em que haja selvagens, não apenas os entretenha com chocalhos e outras ninharias, mas use-os justa e graciosamente, mas com suficiente cautela. E não obtenha o seu favor, ajudando-os a invadir seus inimigos, exceto quando a defesa deles não for a adequada. E envie-os ao país que os coloniza, para que possam ver uma condição de vida melhor do que a própria e que possam recomendá-la ao retornarem. Quando a colônia estiver forte, então é hora de trazer as mulheres, bem como homens, para que a colônia possa se esparramar com a procriação e não ser sempre remendada de fora. É a coisa mais pecaminosa do mundo abandonar ou destituir uma colônia, uma vez que tenha começado, porque, além da desonra, isso constituirá a culpabilidade de sangue de muitas pessoas que merecem compaixão.

34

DAS RIQUEZAS

Textos: MS, 1612, 1625

Não posso chamar melhor as riquezas do que a bagagem da virtude. A palavra romana é melhor: *impedimenta*[282]. Porque aquilo que a bagagem significa para um exército, as riquezas significam para a virtude: não pode ser dispensada nem deixada para trás, mas retarda a marcha. Sim, e o cuidado com ela algumas vezes põe a perder ou perturba a vitória. Para grandes riquezas não há um uso real, exceto na distribuição; o resto é apenas imaginação. Assim disse Salomão: *Onde há muito a consumir, há muitos para consumir; e o que tem o proprietário senão a visão disso com seus próprios olhos?*[283]. A fruição pessoal em qualquer homem não consegue sentir as grandes riquezas; há a custódia delas ou um poder de doação, ou a fama destas, mas nenhum uso sólido para o proprietário. Você não vê que preços inventados são colocados em pequenas gemas e raridades e que obras de ostentação são subestimadas, para que possam ser vistas como de algum uso pelos ricos? Mas, então, você dirá que poderão ter uso no resgate de homens em perigo ou dificuldades. Como disse Salomão: *As riquezas são como uma fortaleza na imaginação do homem rico*[284]. E isso está muito bem expresso, porque está na imaginação e nem sempre no fato.

282 Impedimentos; coisas que impedem.

283 Eclesiastes 5. 11.

284 Provérbios 18. 11.

Porque certamente grandes riquezas venderam mais homens do que eles as tenham comprado. Não busque riquezas orgulhosas, mas aquelas que você pode obter justamente; use-as soberbamente, distribua-as alegremente e viva de maneira feliz. E ainda: não as abstraia, nem as despreze monasticamente. Mas distinga, como Cícero bem falou de Rabirio Póstumo: *In Studio rei amplificadae apparebat non avaritiae praedam sed instrumentum bonitatti quaeri*[285]. Ouça também atentamente Salomão e acautele-se contra o acúmulo apressado de riquezas: *Qui festinat ad divitias, non erit insons*[286]. Os poetas inventam que, quando Pluto (que significa Riqueza) foi enviado por Júpiter, ele manca e caminha lentamente, mas quando é enviado por Plutão, ele corre e tem pés rápidos, significando que as riquezas obtidas por bons meios e justo trabalho caminham lentamente, mas, quando vem com a morte de outros (como por herança, testamentos e coisas semelhantes), elas desabam sobre o homem. Mas isso, da mesma forma, pode ser aplicado a Plutão, tomando-o pelo diabo. Porque, quando as riquezas vêm do demônio (como a fraude e a opressão e meios injustos), elas vêm rápido. As maneiras de se enriquecer são muitas e a maioria delas é tola. A parcimônia é uma das melhores e, contudo, não é inocente, porque ela impede as obras de liberalidade e caridade dos homens. A melhoria do solo é a maneira mais natural de se obter riquezas, pois é a bênção de nossa grande mãe, a Terra, mas é lenta. E ainda, onde homens de grande riqueza tendem para a agricultura, as riquezas se multiplicam excessivamente. Conheci um nobre, na Inglaterra, que tinha a maior fortuna que qualquer outro homem do meu tempo: um grande criador de gado bovino e ovino, um grande madeireiro, um grande produtor de carvão, um grande produtor de milho, um grande produtor de chumbo e de ferro e de uma série de outros produtos agrícolas, de modo que o solo parecia um mar para ele, em relação à importação perpétua. Alguém observou que ele verdadeiramente chegou com dificuldades

---

285 Em sua veemência para aumentar sua riqueza, tornou-se aparente que ele não estava buscando uma presa para a avareza dela se alimentar, mas um instrumento para com ele o bem trabalhar (*Discurso em nome de Rabirius Postumus*, II). Cícero não está falando de Rabirio Póstumo, mas de seu pai, Gaio Cúrcio.

286 Aquele que tiver pressa em ficar rico não será inocente (*Provérbios* 28. 20).

às pequenas riquezas e muito facilmente às grandes. Pois quando o capital de um homem chega a isso, ele pode esperar pela excelência dos mercados, e dominar aquelas barganhas que, por sua grandeza, são para o bolso de poucos homens, e ser sócio nas atividades de homens mais jovens, que ele só consegue aumentar enormemente. Os ganhos obtidos com ocupações e comércio comuns são honestos e favorecidos principalmente por duas coisas: diligência e boa reputação por negócios bons e justos. Mas os lucros das barganhas têm uma natureza mais duvidosa, quando os homens se servem da necessidade de outros, arruinados por empregados e meios que os sugam, tiram de outros astuciosamente (coisa que ficaria melhor em mascates) ou empregam práticas semelhantes, ardilosas e ruins. No que se refere às barganhas, quando um homem não compra para utilizar, mas para revender, isso geralmente desgasta os dois lados: o do vendedor e o do comprador. Parcerias enriquecem enormemente, se as mãos a serem dadas forem bem escolhidas e de confiança. A usura certamente é uma maneira de se obter lucro, embora uma das piores, por ser aquela em que um homem come o seu pão pelo *in sudore vultus alieni*[287] e, além disso, trabalha aos domingos. Mas por mais certo que seja o lucro, tem falhas, porque escrivães e intermediários valorizam homens em má situação para servir aos seus próprios fins. A sorte em ser o primeiro em uma invenção ou privilégio leva algumas vezes a uma exuberância em riquezas, como aconteceu com o primeiro produtor de açúcar nas Canárias. Portanto, se um homem consegue ser verdadeiramente lógico, tendo bom julgamento e invenção, pode realizar grandes coisas, especialmente se os tempos ajudarem. Aquele que se baseia em lucros, é certo que dificilmente obterá grandes riquezas, e aquele que arrisca tudo em empreendimentos arriscados frequentemente quebra e fica pobre. Portanto, é bom salvaguardar as aventuras com certezas, que podem compensar as perdas. Monopólios e a compra de produtos para controlar o mercado, onde não são restringidos, são grandes meios para se enriquecer, especialmente se a parte souber que produtos provavelmente entrarão em falta, para estocá-los de antemão. As riquezas obtidas com serviços, embora sejam estes a maneira

287 No suor do rosto de outro homem.

mais honrosa de se obtê-las, quando obtidas mediante bajulação, da alimentação de humores ou qualquer outra condição servil, podem ser colocadas entre as piores. Quanto à pesca de testamentos e execuções (como Tácito disse de Sêneca, *testamenta ET orbos tanquam indagine capi*[288]) é ainda pior, porque muitos homens se submetem às pessoas mais mesquinhas quando em serviço. Não acredite muito naqueles que parecem desprezar as riquezas, porque só as desprezam aqueles que são desesperados por elas e ninguém é pior do que eles, quando chegam a obtê-las. Não seja mesquinho; riquezas têm asas e algumas vezes voam para longe; outras vezes é preciso fazê-las voar, para que tragam mais riquezas. Os homens deixam suas riquezas ou para seus filhos, ou para o erário público e porções moderadas de ambos prosperam melhor. Um grande patrimônio deixado para um herdeiro é como um chamariz para todas as aves de rapina que giram ao seu redor, se este herdeiro estiver bem estabelecido em anos e em julgamento. Da mesma forma, doações e fundações gloriosas são como *sacrifícios sem sal* e apenas sepulcros pintados de esmolas, que logo putrefarão e irão se corromper interiormente. Portanto, não meça as suas doações pela quantidade, mas disponha-as apropriadamente e não as protele até a morte, pois certamente, se um homem as avalia corretamente, aquele que assim o faz é mais liberal com a morte de outro do que com a sua própria.

---

288 Ele tomava testamentos e tutelas como que com rede (*Anais*, XIII. 42). Não foi Tácito, mas o inimigo de Sêneca, Suillus, que fez tal acusação.

35

DAS PROFECIAS

Texto: 1625

Não pretendo falar de profecias divinas, nem de oráculos pagãos, nem de predições naturais, mas apenas de profecias de memória certa e de causas ocultas. Disse a Pitonisa a Saul: *Amanhã, tu e teu filho estareis comigo*[289]. Homero fez estes versos:

At domus Aeneae cunctis deominabitur oris,
Et natinatorum, et qui nascentur ab illis[290]

Uma profecia, como parece, do Império Romano. Sêneca, o trágico, escreveu estes versos:

Venient annis
Saecula seris, quibus Oceanus
Vincula rerum laxet, ET ingens
Pateat tellus, Tiphysque novos

---

289 Samuel 28. 19. Na Vulgata, a *Pitonisa* era a bruxa que Saul consultava.

290 Mas a família de Eneias governará todas as terras – mesmo os filhos de seus filhos e aqueles que deles nascerem (Virgílio, *Eneida*, III. 97-8, adaptada de Homero, *Ilíada*, XX. 307-8).

Detegat orbes, Nec sit terris
Ultima Thule[291]

Uma profecia da descoberta da América. A filha de Policrates sonhou que Júpiter banhava seu pai e Apolo o untou e disse que ele foi crucificado em um lugar aberto, onde o sol fazia o seu corpo transpirar e que a chuva o lavava[292]. Felipe da Macedônia sonhou que selava a barriga de sua esposa, achando ele que isso significava que ela devia ser estéril; mas Aristander, o adivinho, disse-lhe que sua mulher estava grávida, porque os homens não selam vasos que estão vazios[293]. Um fantasma que apareceu a M. Bruto, em sua tenda, disse-lhe: *Philippis iterum me videbis*[294]. Tibério disse a Galba: *Tu quoque, Galba, degustabis imperium*[295]. No tempo de Vespasiano, houve uma profecia no Oriente de que aqueles que deviam vir da Judeia reinariam sobre o mundo, o que, embora pudesse significar o nosso Salvador, Tácito expôs a Vespasiano[296]. Domiciano sonhou, na noite anterior à de sua morte, que uma cabeça dourada estava crescendo a partir da nuca de seu pescoço[297] e, de fato, a sucessão, após a sua morte, viveu tempos dourados. Henrique VI, da Inglaterra, disse de Henrique VII, quando este era criança e o primeiro lhe dava água: *Este jovem é que desfrutará a coroa pela qual lutamos*[298]. Quando estive na França, ouvi de um Dr. Pena, que a Rainha Mãe, que era dada a artes curiosas, deu-lhe a data de nascimento do Rei, seu marido, sob um nome falso e o astró-

---

291 Nos anos vindouros, chegará um tempo em que o Oceano desatará os laços da natureza e um vasto continente será revelado e Tifis descobrirá novos mundos e Tule não mais será o fim do mundo (de *Medea*, 375-9).

292 A história do sonho e a execução de Policrates são contadas por Heródoto, *História*, III. 124-5.

293 O sonho de Felipe da Macedônia encontra-se em Plutarco, *Alexandre*. II. 2-4.

294 Você me verá novamente em Filipos (Plutarco, *Brutus*, XXXVI. 4).

295 Você também, Galba, provará do Império (Tácito, *Anais*, VI. 20).

296 Tácito, *Histórias*, V. 13.

297 Suetônio, *Domiciano*, XXIII (palavras conclusivas).

298 Bacon conta a história com mais detalhes em seu *História de Henrique VII* (*Obras*, VI. 245). O episódio é recontado em Hall e Holinshed, de onde passou para Shakespeare, *3 Henrique VI*, IV. 6. 68-70.

logo deu-lhe o vaticínio de que ele seria morto em um duelo, ao que a Rainha riu, pensando que seu marido estava acima de desafios e duelos. Mas ele morreu na pista de uma justa; as lascas do bastão de Montgomery penetraram em seu elmo[299]. A profecia trivial que eu ouvia quando era criança, e a Rainha Elizabeth estava na flor da idade, era:

Quando o cânhamo for fiado, [When Hempe is spun,]
A Inglaterra terá acabado. [England's done.]

Esses versos foram concebidos de modo a significar que, após o reinado dos príncipes, cujas iniciais de seus nomes compõem a palavra *hempe* (Henry, Edward, Mary, Philip e Elizabeth), a Inglaterra ficará em total confusão. Isso, graças a Deus, verificou-se apenas na mudança do nome, porque o rei agora não é mais da Inglaterra, mas da Bretanha[300]. Houve também outra profecia, antes do ano de 88[301], que não compreendo bem:

Lá será visto um dia,
Entre o Baugh e o May[302]*,*
A Frota Negra da Noruega.
Quando a que vier tiver ido,
As casas de cal e pedra construídas,
Depois das guerras, você, Inglaterra,
Não terá mais nenhuma.

Pensa-se geralmente que tenha relação com a frota espanhola, que chegou em 88, já que o sobrenome do rei da Espanha era *Noruega*. Da mesma forma, pensou-se que a predição de Regiomontanus,

---

299 Henrique II da França foi morto acidentalmente em um torneio, em 1559.

300 Em 1603, quando James VI da Escócia sucedeu ao trono inglês, ele intitulou-se Rei da Grã-Bretanha.

301 1588, quando a Armada Espanhola atacou a Inglaterra e foi derrotada.

302 Entre Bass Rock e a Ilha de May, no Estuário de Forth. Alguns navios da Armada foram desviados para lá pelas tempestades.

Octogesimus octavus mirabilis annus.[303]

tinha se realizado com o envio daquela grande frota, de força muito grande, embora não em número, de todas as que já navegaram os oceanos. Quanto ao sonho de Cleon, acho que foi uma pilhéria. Ele foi devorado por um dragão comprido e foi contado por um fabricante de salsichas, o que o aborreceu muito. Há muitos outros do mesmo tipo, se você incluir sonhos e predições da astrologia. Mas citei apenas aqueles com algum crédito, como exemplos. Acho que todos eles devem ser desprezados e servem apenas para conversas ao pé da lareira no inverno. Embora, quando digo desprezados, quero dizer quanto à crença, pois, de outro modo, sua divulgação ou publicação não deve, de maneira nenhuma, ser desprezada. Por que causaram muito dano e vejo muitas leis severas criadas para suprimi-los. Aquilo que lhes deu graça, e algum crédito, consiste em três coisas. Primeira, que os homens marcam quando acertam e nunca marcam quando erram, como geralmente fazem também em relação aos sonhos. A segunda é que conjecturas prováveis ou tradições obscuras muitas vezes transformam-se em profecias; enquanto a natureza do homem, em relação à adivinhação, acha que não há perigo em predizer que o que eles realmente fazem é apenas inferir. Como no verso de Sêneca. Porque, então, muito esteve sujeito à demonstração, que o globo terrestre tinha grandes partes além do Atlântico, que poderia não ser totalmente de água e acrescentando a isso a tradição em *Timeu*, de Platão, e seu *Atlanticus*[304], alguém poderia se encorajar a transformá-la em predição. A terceira e última (que é a maior) é que quase todas elas, sendo infinitas em número, são imposturas e meramente inventadas e fingidas, por cérebros indolentes e espertos, após a passagem do evento.

303 Oitenta e oito, um ano de maravilhas (uma linha de uma profecia escrita por Regiomontanus, ou John Muller de Königsberg, *c.* 1470).

304 A tradição era que houve uma vez uma ilha imensa a oeste da Europa, além da qual havia um outro continente. Dizia-se que a ilha, chamada Atlântida, havia submergido por causa de um terremoto, deixando atrás um grande oceano, o Atlântico, separando a Europa do continente desconhecido. Há um relato dos habitantes e leis da perdida Atlântida em *Critias*, ou *Atlanticus*, como subtítulo nas primeiras edições de Platão.

36

DA AMBIÇÃO

Textos: MS, 1612, 1625

A ambição é como a cólera, que é um humor que torna os homens ativos, enérgicos, cheios de vivacidade e agitados, se não for interrompida. Mas, se for interrompida e não puder seguir seu caminho, torna-se ardente, e daí maligna e venenosa[305]. Assim, homens ambiciosos, se encontrarem caminho aberto para a sua elevação e forem em frente, tornam-se mais ocupados do que perigosos. Mas, se são contrariados em seus desejos, tornam-se secretamente descontentes e olham para tudo e todos com olho maligno e ficam mais contentes quando as coisas vão mal, o que é a pior coisa em um servidor de um príncipe ou de um Estado. Portanto, é bom que os príncipes, ao empregarem homens ambiciosos, lidem com a situação de maneira tal a mantê-los ainda progressistas e não retrógrados e, por não ser algo que não traga inconveniência, é bom não usar naturezas desse tipo. Porque, se eles não subirem por seu serviço, arranjarão as coisas de maneira a fazer com que seu serviço caia com eles. Mas, já que dissemos que não é bom usar homens de natureza ambiciosa, exceto em caso de necessidade, trataremos desses casos de necessidade. Bons comandantes de guerra devem ser aceitos, ainda que nunca sejam tão ambiciosos,

305 Na teoria médica da Renascença, o *colérico* (ou bilioso) era um dos quatro humores, ou fluidos, do corpo, que, pensava-se, determinavam o temperamento humano. Os outros três eram o sanguíneo, o fleumático e o melancólico (ou bile negra). Supunha-se que o humor colérico tornava o homem irascível; o *sombrio* colérico era a condição onde muita bile negra tornava-o melancólico.

porque o uso de seus serviços compensa o resto e aceitar um soldado sem ambição é arrancar-lhe as esporas. Há também um grande uso de homens ambiciosos como anteparos para os príncipes em questões de perigo e inveja, porque nenhum homem aceitará sê-lo, exceto aquele que é como um pombo vendado, que sobe e sobe, porque não consegue ver ao redor. Há também uso de homens ambiciosos para arrasar a grandeza de qualquer súdito que se exceda, como Tibério usou Macro, para humilhar Sejano[306]. Portanto, uma vez que eles precisam ser usados em tais casos, resta falar de como devem ser controlados, de modo que sejam menos perigosos. Há menos perigo neles, se forem de nascimento humilde do que se forem nobres, e se forem de natureza mais severa do que afável e popular; e se forem recém-elevados do que astutos e fortalecidos em sua grandeza. Alguns falam que uma fraqueza dos príncipes é ter favoritos, mas é de todas as outras o melhor remédio contra os de grande ambição, porque, quando o caminho para agradar e desagradar passa pelo favorito, é impossível a qualquer outro tornar-se muito grande. Outra maneira de restringi-los é equilibrá-los com outros tão orgulhosos quanto eles. Mas, então, deve haver alguns conselheiros intermediários para manter as coisas estáveis, porque sem esse lastro o navio irá balançar muito. Pelo menos um príncipe pode animar e acostumar algumas pessoas mais humildes a se tornarem o flagelo dos homens ambiciosos. Quanto a expô-los à ruína, se forem de natureza medrosa, pode funcionar, mas, se forem audazes e resolutos, isso pode precipitar seus desígnios e mostrar-se perigoso. Quanto a arruiná-los, se os assuntos o exigirem, e que isso não possa ser feito com segurança repentinamente, a única maneira é a troca contínua de favores e desgraças, de modo que não consigam saber o que esperar, como se estivessem em uma floresta. Das ambições, é menos prejudicial a ambição de prevalecer em grandes coisas, do que a de aparecer em tudo, porque isso cria confusão e arruína os negócios. Mas ainda é menos perigoso ter um homem ambicioso ativo nos negócios do que um grande em seguidores. Aquele que busca ser eminente entre homens capazes tem uma grande tarefa, mas isso é sempre bom para o público. Mas aquele que trama ser a única figura

---

306 Ver Dio, *História Romana*, I. VIII. 9.

entre nulidades é a decadência de toda uma era. A honra possui três coisas: terreno favorável para fazer o bem, a proximidade com reis e pessoas importantes e a elevação da própria fortuna de um homem. Aquele que tem a melhor dessas intenções, quando as aspira, é um homem honesto. E aquele príncipe que consegue discernir tais intenções em outro que as aspira é um príncipe sábio. Em geral, deixe que príncipes e Estados escolham ministros que sejam mais sensíveis ao dever do que à ascensão e coisas tais como amor aos negócios mais do que consciência e valentia e que eles possam discernir uma natureza ocupada de uma mente disposta.

37

DAS MÁSCARAS[307] E TRIUNFOS[308]

Texto: 1625

Essas coisas são meros brinquedos para estarem entre tais observações sérias. Mas, já que os príncipes terão essas coisas, é melhor que sejam enfeitadas com elegância do que manchadas com custo. Dançar com a música é coisa de grande pompa e prazer. Compreendo que a música seja em coro, situado na galeria, e acompanhada por diferentes instrumentos e com letra apropriada às danças. A atuação na canção, especialmente nos diálogos, possui extrema beleza. Digo atuação, e não dança (porque isso é coisa baixa e vulgar); e as vozes do diálogo devem ser fortes e varonis (um baixo e um tenor, não soprano), e a letra imponente e solene, não agradável ou delicada. Vários coros contrapostos e cantando em estrofes, como um hino, dão grande prazer. Transformar danças em figuras é curiosidade infantil. E geralmente, note-se, essas coisas de que falo aqui são aquelas que naturalmente apelam aos sentidos e não em relação a assombros insignificantes. É verdade: as mudanças de cenas, realizadas calma e silenciosamente, são coisas de grande beleza e prazer, porque alimentam e aliviam o olho antes deste se cansar de ver o mesmo objeto. Que as cenas sejam cheias de luz, especialmente coloridas e variadas, e que os mascarados, ou qualquer

---

307 Entretenimentos da corte que combinam música, canções, danças e poesia, nos quais membros da corte, e frequentemente a família real, participavam. A mais famosa máscara, embora não escrita para a corte é a *Comus*, de Milton.

308 Cortejos; *shows* grandiosos.

outro que saia de cena, façam alguns movimentos na própria cena, antes de se retirarem. Porque isso estranhamente atrai o olho e dá grande prazer desejar ver aquilo que não se pode discernir perfeitamente. Que as canções sejam altas e alegres e não chilros ou miados. Que a música, da mesma forma, seja cortante e alta e bem colocada. As cores que melhor se mostram à luz de velas são o branco, o carmim e uma espécie de verde-água marinho; e decorações circulares e brilhantes, que são gloriosas e de baixo custo. Quanto a ricos bordados, perdem-se e não são discernidos. Que as roupas dos mascarados sejam graciosas e adequadas à pessoa, quando as máscaras não são usadas, e não os conhecidos exemplos dos trajes de turcos, soldados, marinheiros e assemelhados. Que os interlúdios não sejam longos e compostos geralmente de bobos, sátiros, babuínos, selvagens, bufões, bestas, duendes, bruxas, etíopes, pigmeus, anões, ninfas, camponeses, cupidos, estátuas móveis, etc. Quanto aos anjos, não são suficientemente cômicos para serem colocados nos interlúdios e qualquer coisa que seja horrenda, como diabos e gigantes, é inapropriada. Mas, principalmente, que a música deles seja recreativa e com algumas coisas estranhas. Alguns aromas adocicados surgindo repentinamente, sem que qualquer gota caia, acompanhados de vapor e calor, são coisas de grande prazer e refrigério. Máscaras diferentes, uma para os homens e outra para as mulheres, acrescentam pompa e variedade. Mas tudo isso não adianta nada, se o aposento não estiver claro e limpo.

Quanto às justas, torneios e liças, as suas glórias encontram-se principalmente nas bigas, onde os desafiantes fazem sua entrada, especialmente se forem puxadas por animais estranhos, como leões, ursos, camelos e assemelhados; ou nos aparatos de suas entradas ou no esplendor de suas roupas, ou no equipamento de seus cavalos e armaduras. Mas basta destes brinquedos.

38

DA NATUREZA NOS HOMENS

Textos: MS, 1612, 1625

Frequentemente a natureza está oculta, algumas vezes dominada, raramente extinta. A força torna a natureza mais violenta na reação; a doutrina e o discurso a tornam menos importuna, mas só o costume a altera e subjuga. Aquele que busca a vitória sobre sua natureza não estabeleça para si mesmo tarefas muito grandes, nem muito pequenas, porque as grandes irão abatê-lo pelas falhas frequentes e as muito pequenas irão fazê-lo progredir pouco, embora seja bem-sucedido frequentemente. E nas primeiras, que ele as pratique com os auxílios, como o fazem os nadadores com bexigas ou boias; mas, depois de um tempo, que pratique com desvantagens, como os dançarinos o fazem com sapatos pesados. Porque isso cria grande perfeição, se a prática for mais difícil do que o uso. Onde a natureza é poderosa e, portanto, a vitória é difícil, os passos necessários são: primeiro, parar e reprimir a natureza a tempo, como aquele que falava as letras do alfabeto, quando estava zangado; depois, reduzir a quantidade, como se devesse, ao abster-se do vinho, limitar-se a uns goles, em brindes, durante uma refeição; e, finalmente, interromper o uso inteiramente. Mas, se um homem tem a coragem e a resolução de libertar-se imediatamente, isso é o melhor:

Optimus ille animi vindex laedentia pectus
Vincula qui rupit, dedoluitque semel.[309]

Nem é inoportuna a antiga regra de dobrar a natureza como uma vara até o extremo contrário, para endireitá-la, compreendendo-a, onde o extremo contrário não for um vício. Que um homem não force em si mesmo um hábito continuamente, mas com alguma interrupção. Porque a pausa reforça o novo ataque e se um homem, que não é perfeito, estiver sempre praticando, praticará muito bem seus erros, bem como suas habilidades, induzindo um hábito de ambos. E não há como melhorar isso, senão por interrupções periódicas. Mas que um homem não confie muito em sua vitória sobre a natureza, porque esta ficará enterrada por longo tempo, ressurgindo em ocasiões ou tentações. Como ocorreu com a donzela de Esopo, transformada de gato em mulher, que, sentou-se muito afetadamente na extremidade da prancha até que um rato passou correndo diante dela. Portanto, ou o homem evita inteiramente a ocasião ou se coloque frequentemente nela até ficar pouco excitado com ela. A natureza de um homem é mais bem percebida na privacidade, porque não há afetação; na paixão, porque isso o desvia de seus preceitos e, em um novo caso ou experimento, porque aí o costume o abandona. São felizes os homens cujas naturezas combinam com suas vocações; caso contrário, poderiam dizer *Multum incola fuit anima mea*[310], quando se ocupam com aquelas coisas que não desejam. Em quaisquer estudos a que um homem se propuser, que estabeleça horas para tal; mas naquilo que agrada sua natureza, que não estabeleça nenhum horário, porque seus pensamentos voam de volta, de modo que os espaços de outros assuntos ou estudos serão suficientes. A natureza humana faz crescer tanto ervas boas quanto daninhas; então, que o homem regue regularmente as primeiras e destrua as outras.

---

309 É o melhor libertador de sua mente aquele que rompe as cadeias que afligem seu coração e se liberta de uma vez do sofrimento (Ovídio, *Remédios para o Amor*, 293-4).

310 Minha alma tem sido hóspede há muito tempo (Salmos 120. 6, Vulgata).

39

DOS COSTUMES E DA EDUCAÇÃO

Textos: MS, 1612, 1625

Os pensamentos dos homens concordam muito com sua inclinação; sua fala e discursos concordam com seu aprendizado e opiniões infundidas; mas seus atos seguem aquilo a que foram acostumados. E, portanto, como Maquiavel bem observou[311] (embora em um exemplo desfavorável) não há confiança na força da natureza nem na beleza das palavras, se não forem corroboradas pelo costume. O seu exemplo é de que para se ter êxito em uma conspiração desesperada, um homem não deve confiar na ferocidade da natureza de qualquer homem, nem em suas ações resolutas, mas naquele que teve suas mãos anteriormente banhadas em sangue. Porém, Maquiavel não conhecia um Frei Clemente[312], nem um Ravillac[313], nem um Jaureguy ou um Baltazar Gerard[314]. Contudo, sua regra ainda se sustenta de que nem a natureza, nem o compromisso de palavras são tão convincentes quanto o costume. Somente a superstição, agora bem promovida, de que homens de primeiro sangue[315] são

311 *Discursos*, III.6 (onde Maquiavel está escrevendo sobre as dificuldades de se assassinar um príncipe).

312 Assassinou Henrique III, da França, em 1589.

313 Assassinou Henrique IV, da França, em 1610.

314 Jaureguy tentou matar William d'Orange, em 1582; Gerard atirou e matou o príncipe, em 1584.

315 Aqueles que cometeram homicídio pela primeira vez.

tão firmes quanto açougueiros de profissão, e uma resolução ardorosa torna-se equivalente ao costume, mesmo em questões de sangue. Em outras coisas, a predominância do costume é visível em todo lugar; de modo que um homem se espantaria ao ouvir homens que professaram, protestaram, se comprometeram, falaram grandes palavras e fizeram exatamente aquilo que fizeram antes, como se fossem imagens mortas ou máquinas movidas apenas pelas rodas do costume. Vemos também o que é o reino ou tirania do costume. Os indianos (falo da seita de seus homens sábios[316]) posicionam-se calmamente sobre uma pilha de madeira e sacrificam-se no fogo. E mais: as esposas lutam para serem queimadas com os corpos de seus maridos. Os jovens de Esparta, dos tempos antigos, aceitavam ser açoitados sobre o altar de Diana, sem muito choro ou lamentação. Lembro-me que, no início do reinado da rainha Elizabeth, da Inglaterra, um rebelde irlandês[317], condenado, fez um pedido a um deputado de que ele deveria ser enforcado com uma vara de salgueiro, e não com uma corda, porque esta já tinha sido muito usada com os rebeldes anteriores. Há monges, na Rússia que, por penitência, se sentam durante uma noite inteira em uma bacia de água até que fiquem presos no gelo duro. Muitos exemplos podem ser colocados em relação à força do costume, tanto sobre a mente quanto sobre o corpo. Portanto, uma vez que o costume é o principal juiz da vida do homem, que os homens, por todos os meios, procurem obter bons costumes. Certamente o costume é mais perfeito quando começa na tenra idade. Isso é o que chamamos de educação, a qual, de fato, é apenas um costume precoce. Assim, vemos que, nos idiomas, a língua é mais flexível a todas as expressões e sons e as juntas mais elásticas em todas as atividades e movimento na juventude. Porque é verdade que aprendizes tardios não conseguem ser tão flexíveis, exceto em algumas mentes que não se fixaram, mas se mantiveram abertas e preparadas para receber aperfeiçoamentos, o que é extremamente raro. Mas se a força do costume simples e separado for grande, a força do costume casado, unido e incorporado é de longe maior. Porque o exemplo ensina,

316 Os Gimnosofistas, uma antiga seita hindu. Cícero descreve a natureza de suas mortes e o comportamento de suas esposas em *Disputas tusculanas*, V. 27.

317 Provavelmente Brian O'Rourke, que foi enforcado não no início do reinado de Elizabeth, mas em 1597.

a companhia conforta, a emulação estimula, a glória eleva, de modo que em tais lugares a força do costume está em sua exaltação. Certamente a grande multiplicação das virtudes sobre a natureza humana repousa nas sociedades bem ordenadas e disciplinadas. Porque comunidades e governos bons alimentam o crescimento das virtudes, mas pouco melhoram as sementes. Porém, a miséria é que os meios mais efetivos são agora menos aplicados aos fins desejados.

40

DA FORTUNA

Textos: MS, 1612, 1625

Não se pode negar que acasos externos muito contribuem para a fortuna: favores, oportunidades, morte de outros, o talento encontrando a oportunidade. Mas, principalmente, o molde da fortuna de um homem encontra-se em suas próprias mãos. *Faber quisque fortunae suae*[318], diz o poeta. E a mais frequente das causas externas é que a insensatez de um homem é a fortuna de outro. Porque nenhum homem prospera tão repentinamente quanto pelos erros de outros. *Serpens nisi serpentem comederit non fit draco*[319]. Virtudes evidentes e manifestadas trazem elogio, mas há virtudes secretas e ocultas que trazem fortuna: certas liberdades do íntimo de um homem, que não têm nome. O nome espanhol, *desemboltura*[320], parcialmente as expressa, quando não há impedimentos nem impaciência na natureza do homem, exceto que as rodas de sua mente giram de acordo com as rodas de sua fortuna. Pois assim Lívio (depois de ter descrito Catão Maior nestas palavras: *In illo viro tantum robur corporis et animi fuit, ut quocunque loco*

318 Todo homem é o arquiteto de sua própria fortuna (de Plauto, *Three Bob Day*, II. 2. 87. Ver *Obras*, III. 454).

319 A serpente precisa ter comido outra serpente antes de se tornar um dragão.

320 Desenvoltura.

natus esset, fortunam sibi facturus videretur[321]) conclui que ele tinha *versatile ingenium*[322]. Portanto, se um homem olhar, aguda e atentamente, verá a Fortuna, porque, embora ela seja cega, não é invisível. O caminho da fortuna é como a Via Láctea no céu, um aglomerado de várias pequenas estrelas não vistas separadamente, mas fornecendo luz em conjunto. Assim, há um número de pequenas e escassas virtudes, ou, antes, faculdades e costumes, que tornam um homem afortunado. Os italianos observam alguns deles, dos quais pouco se pensaria. Quando falam de um que não pode ser esquecido, eles adicionarão às suas outras condições que ele tem *poco di matto*[323]. E certamente não haverá duas propriedades mais afortunadas do que ser um pouco tolo e não muito honesto. Portanto, amantes extremados de seus países ou senhores nunca foram afortunados, nem poderiam ser. Porque, quando um homem expressa seus pensamentos, não segue seu próprio caminho. Uma fortuna apressada faz um empreendedor ou aventureiro (o francês tem termos melhores: *entreprenant* ou *remuant*), mas a fortuna testada faz o homem capaz. A fortuna deve ser honrada e respeitada, mesmo que seja apenas por suas filhas, a Confiança e a Reputação, pois essas duas criam felicidade: a primeira no íntimo do homem; a segunda nos outros em relação a ele. Todos os homens sábios, para afastar a inveja de suas próprias virtudes, costumam atribuí-las à Providência e à Fortuna, porque assim podem melhor assumi-las. E, além disso, é grandeza em um homem estar aos cuidados dos poderes superiores. Assim disse César ao piloto, numa tempestade: *Caesarem portas, et fortunam eius*[324]. Assim Sulla escolheu o nome de *Felix* e não de *Magnus*[325]. E notou-se que aqueles que abertamente atribuem muito à sua própria sabedoria e política, terminam desafortunados. Escreveu-se que Timóteo, de Atenas, depois de prestar contas de seu governo e que

321 Neste homem havia tal fortaleza de corpo e mente, que onde quer que tenha nascido parece certo que teria feito fortuna por si mesmo (de Lívio, *História* XXXIX. 40).

322 Uma natureza versátil.

323 Um pouco de tolo (ou louco).

324 Você transporta César e sua fortuna (Plutarco, *César*, XXXVIII. 3).

325 Escolheu ser chamado *o Afortunado* e não *o Grande* (Ver Plutarco, *Sulla*, XXXIV. 2).

frequentemente usou este discurso *"E nisso a Fortuna não participou"*, nunca prosperou em nada que empreendeu depois[326]. Certamente há aqueles cujas fortunas são como os versos de Homero, que têm uma suavidade e uma facilidade maiores do que os versos de outros poetas, como disse Plutarco da fortuna de Timoleon[327] em relação àquela de Agesilau ou Epaminondas[328]. E o que isso deva ser, sem dúvida, é muito no íntimo de um homem.

326 Plutarco, *Sulla*, VI. 3-4.

327 Plutarco, *Timoleon*, XXXVI. 1-3.

328 Generais gregos, sec. IV a.C.

41

DA USURA

Texto: 1625

Muitos têm feito críticas mordazes contra a usura. Dizem que é pena que o diabo deva ter a parte de Deus, que é o dízimo[329]; que o usurário é o maior violador do sábado, porque seu arado trabalha todo domingo; que ele é o zangão de que fala Virgílio:

Ignavum fucos pecus a praesepibus arcent[330];

que ele viola a primeira lei feita para a humanidade depois da queda[331], que era *in sudore vultus comedes panem tuum* e não *in sudore vultus alieni*[332]; que os usurários deveriam usar gorros alaranjados[333], porque eles se comportam como judeus[334]; que é contra a natureza dinheiro produzir dinheiro, e outras coisas semelhantes. Apenas digo que a

329 Dez por cento (a taxa legal de juros nos tempos de Bacon).

330 Eles afugentam o enxame preguiçoso de zangões de suas colmeias (*Georgics*, IV. 168).

331 A queda do homem no Jardim do Éden.

332 Do suor do teu rosto comerás o teu pão; não do suor do rosto de outro (derivado do Gênesis 3.19).

333 Em algumas partes da Europa medieval, os judeus eram obrigados por lei a usar gorros ou bonés alaranjados.

334 i.e.: Emprestar dinheiro a juros (os judeus eram os principais emprestadores de dinheiro naquela época).

usura é *concessum propter duritiem cordis*[335], porque, já que existe o emprestar e o pedir emprestado e os homens sejam tão duros de coração que não emprestam livremente, a usura deve ser permitida. Alguns outros têm feito observações perspicazes a respeito dos bancos, baseados em suas suspeitas, da revelação de patrimônios e outras invenções. Mas poucos falaram da usura proveitosamente. É bom que estabeleçamos as desvantagens e vantagens dela, para que o bem seja ou avaliado ou descartado, e cautelosamente providenciar para que, enquanto nos preparamos para aquilo que é melhor, não nos deparemos com o que é pior.

As desvantagens da usura são: primeiro, que ela produz menos comerciantes, porque não fosse por este negócio preguiçoso da usura, o dinheiro não ficaria parado, mas seria em grande parte empregado no comércio, que é a *veia porta* da riqueza de um Estado. A segunda é que ela torna pobres os comerciantes, porque, da mesma forma que um agricultor não consegue arar tão bem a sua terra se a alugar por alto preço, o comerciante não consegue dirigir bem o seu negócio, se usar seu dinheiro para usura. A terceira incide sobre as outras duas e é a decadência das alfândegas de reis e Estados, que fluem e refluem com o comércio. A quarta é que coloca o tesouro de um reino ou Estado em poucas mãos. Porque o usurário tem certezas e os outros têm incertezas e, no final do jogo, a maior parte do dinheiro estará nas mãos do usurário e um Estado sempre floresce quando a riqueza é mais igualmente distribuída. A quinta é que ela reduz o preço da terra, porque o dinheiro é principalmente empregado no comércio e a usura arma ciladas para ele. A sexta é que ela entorpece e refreia todas as atividades, melhorias e novas invenções em que o dinheiro deveria estar sendo movimentado, não fosse este obstáculo. A última é que ela corrói e arruína os patrimônios de muitos homens, o que, ao longo do tempo, produz a pobreza pública.

Por outro lado, as vantagens da usura são: primeiro, que de qualquer modo, aquela usura que de certa forma prejudica o comércio, de outro o faz avançar, porque é certo que a maior parte do comércio é dirigida por jovens comerciantes que tomam dinheiro emprestado a

---

335 Algo permitido por conta da dureza do coração dos homens (Mateus 19. 8).

juros. De modo que, se o usurário recolhesse ou retivesse seu dinheiro, haveria atualmente uma grande paralisação do comércio. A segunda é que, se não existisse esta facilidade de empréstimo a juros, as necessidades dos homens lhes trariam a mais repentina ruína, porque seriam forçados a vender seus bens (móveis ou imóveis) muito abaixo de seu real valor e, assim, embora a usura os corroa, as negociações ruins iriam engoli-los rapidamente. Quanto às hipotecas e penhores, podem fazer muito pouco, porque ou os homens não tomarão penhores sem juros, ou, se o fizerem, buscam precisamente a execução. Lembro-me de um homem rico e cruel, do interior do país, que dizia: *Ao diabo esta usura; que ele nos guarde das execuções de hipotecas e garantias.* A terceira e última é que é inútil imaginar que possa existir empréstimo sem juros e é impossível imaginar o número de inconveniências resultantes, se o empréstimo fosse impedido. Portanto, falar de abolição da usura é inútil: todos os Estados sempre a tiveram, de uma forma ou outra. De modo que tal opinião deve ser enviada à Utopia.

Falemos agora da reforma e regulamentação da usura: como as suas desvantagens podem ser mais bem evitadas e as vantagens retidas. Parece que, para o equilíbrio entre vantagens e desvantagens, duas coisas devem ser harmonizadas. A primeira: que o dente da usura seja lixado, para que a mordida não seja profunda; a outra: que seja deixado aberto um caminho para que homens endinheirados emprestem a comerciantes, para a continuação e aceleração do comércio. Isso só pode ser feito se você introduzir dois tipos diferentes de usura: uma menor e uma maior. Porque se você reduzir a usura a uma taxa baixa, facilitará para o emprestador comum, mas faltará dinheiro para o comerciante. E é preciso notar que o comércio de mercadorias, sendo o mais lucrativo, pode suportar a usura a uma boa taxa e para outros contratos não.

Para servir ambas as intenções, o caminho seria brevemente este: que haja duas taxas de usura, uma livre e geral para todos; a outra, sob licença, somente para certas pessoas e certos locais de comércio. Primeiro, portanto, que a usura seja, em geral, reduzida a cinco por cento e que essa taxa seja proclamada livre e corrente; e que o Estado seja excluído de qualquer penalidade por esta. Isso preservará o empréstimo de qualquer suspensão geral ou carência e ajudará inúmeros emprestadores no país. Em boa parte, elevará o valor da terra, porque terra adquirida em compra de dezesseis anos renderá 6% e algo mais, enquanto esta taxa de juros permite apenas cinco. Por razão semelhante, isso encorajará e aguçará melhorias lucrativas e industriosas, porque muitos irão se aventurar mais neste tipo do que tomar 5%, especialmente tendo sido usados para um lucro maior. Em segundo lugar, que haja certas pessoas licenciadas a emprestar para comerciantes conhecidos a uma taxa mais elevada e que haja as precauções dadas a seguir. Que a taxa seja, mesmo com o próprio comerciante, um pouco mais baixa do que a que ele anteriormente costumava pagar, porque, por meio disso, todos os que pedem empréstimos terão algum alívio com esta reforma, seja o comerciante ou qualquer outro. Que nenhum banco ou fundo de investimento, exceto o homem seja o mestre de seu próprio dinheiro – não que eu não goste inteiramente de bancos, mas eles dificilmente quebrarão, em relação a certas suspeitas. Que ao Estado seja paga uma pequena quantia pela licença, e o restante deixado para o emprestador. Porque aquele que, por exemplo, tomava antes dez ou nove por cento, descerá mais rapidamente para oito por cento do que desistirá de seu comércio de usura, deixando lucros certos por aqueles de risco. Que o número desses emprestadores licenciados seja indefinido, mas restrito a certas cidades principais e aquelas comerciais, porque, então, eles dificilmente serão capazes de disfarçar o dinheiro de outros homens no país. Assim, a licença de nove não sugará a taxa corrente de 5, porque nenhum homem irá emprestar seu dinheiro em locais distantes, nem irá colocá-lo em mãos desconhecidas.

Se alguém objetar que isso é uma espécie de usura autorizada, que antes era permitida em alguns locais, a resposta é que é melhor mitigar a usura por declaração do que sofrer sua fúria por conivência.

42

DA JUVENTUDE E DA VELHICE

Textos: MS, 1612, 1625

Um homem, que é jovem em anos, pode ser velho em horas, se não perdeu tempo. Mas isso acontece raramente. Em geral, a juventude é como as primeiras cogitações, não tão sábias quanto às segundas. Porque há uma juventude nos pensamentos, bem como na velhice. E, contudo, a invenção dos homens jovens é mais viva do que a dos velhos, e é melhor a corrente imaginativa de suas mentes, e os maiores e violentos desejos e perturbações só estarão maduros quando tiverem atravessado o meridiano de seus anos, como ocorreu com Júlio César e Sétimo Severo. Desse último se disse: *Juventutem egit errorbus, imo furoribus, plenam*[336] e, contudo, ele foi o imperador mais capaz de quase toda a lista. Como também se viu em Augusto César, Cosmo, o Duque de Florença[337], Gastão de Foix[338] e outros. Por outro lado, calor e vivacidade na idade é uma excelente composição para os negócios. Homens jovens estão mais preparados para inventar do que para julgar, mais aptos para a execução do que para o conselho, e mais capazes para novos projetos do que para negócios estabelecidos. Porque a experiência da idade, em coisas que se situam dentro do compasso

---

336 Ele passou a juventude cheia de tolices, ou, melhor, de loucura (de Spartianus, *Vida de Severo*, II).

337 Cosimo de Medici, †1574.

338 Duque de Nemours, sobrinho de Luís XII, da França; morreu na batalha de Ravena, em 1512.

dela, os dirige; mas, em coisas novas, abusam deles. Os erros dos jovens são a ruína dos negócios; mas os erros dos mais velhos contam apenas para isso, porque mais poderia ter sido feito ou mais rápido. Os jovens, na conduta e administração de seus atos, abraçam mais do que podem segurar, mexem mais do que podem acalmar, voam para o final, sem considerarem recursos ou medidas; perseguem alguns poucos princípios que chegaram a eles absurdamente; não se preocupam em mudar as coisas, o que traz inconveniências desconhecidas; usam remédios extremos inicialmente e, o que dobra todos os erros, não os reconhecem nem se retratam, como um cavalo indomado, que não fica quieto. Homens mais velhos objetam muito, consultam por muito tempo, aventuram-se muito pouco, arrependem-se muito cedo e raramente levam o negócio à completude, contentando-se com um sucesso medíocre. Certamente é bom empregar ambos, pois isso será bom para o presente, porque as virtudes de cada idade podem corrigir os defeitos de ambas; e é bom para a sucessão que os jovens possam ser aprendizes, enquanto os mais velhos são os executores; e, finalmente, é bom para as contingências externas, porque a autoridade segue os homens mais velhos e o favor e a popularidade seguem os jovens. Mas, na parte moral, talvez a juventude tenha a preeminência, enquanto a idade tem a habilidade. Certo rabino, em relação ao texto *Os seus jovens terão visões e os seus velhos sonharão sonhos*[339], inferiu que os jovens são admitidos mais perto de Deus do que os idosos, porque a visão é uma revelação mais clara do que o sonho. E certamente quanto mais o homem bebe do mundo, mais intoxicado fica; e a idade lucra mais nos poderes de compreensão do que nas virtudes da vontade e afeição. Há alguns que têm maturidade precoce, que depois desbota. Estes, primeiro, têm habilidades frágeis, cujo gume é logo perdido, como o foi Hermógenes, o retórico[340], cujos livros excediam em sutileza e que, depois, tornaram-se estúpidos. Um segundo tipo é o composto por aqueles que têm algumas disposições naturais, que têm mais graça na juventude do que na velhice, tal como um discurso fluente e luxuriante,

339 Joel 2. 28. O rabino, ou *rabbi*, é Abravanel.

340 Retórico grego do século II d.C. Diz-se que ele perdeu a memória aos vinte e cinco anos.

que é bom na juventude, mas não na velhice. Assim, Tully[341] disse de Hortêncio[342]: *Idem manebat, neque idem docebat*[343]. O terceiro tipo é aquele que sofre tensão muito elevada no início e é mais magnânimo do que o número de anos pode sustentar. Como o foi Cipião, o Africano[344], do qual Lívio disse, de fato: *Ultima primis cedebant*[345].

---

341 Cícero.

342 Orador romano, rival de Cícero.

343 Ele permaneceu o mesmo, quando o mesmo (estilo) não mais era ele (Cícero, *Brutus*, XCV).

344 General romano, †183 a.C. Segundo Lívio (*História*, XXXVIII. 53), Cipião servia melhor aos tempos de guerra do que àqueles de paz de seus últimos anos.

345 Suas últimas ações não eram iguais às suas primeiras (de Ovídio, *Heroides*, IX. 23).

43

DA BELEZA

Textos: MS, 1612, 1625

A virtude[346] é como uma rica pedra preciosa, melhor na simplicidade e certamente fica melhor em um corpo gracioso, embora não de formas delicadas, e que tenha mais dignidade de presença do que beleza de aspecto. Geralmente, não se vê pessoas muito bonitas que sejam de grande virtude, como se a natureza estivesse mais ocupada em não errar do que em produzir excelência. E, portanto, tais pessoas se mostram realizadas, mas não de grande espírito, e estudam mais o comportamento do que a virtude. Porém, isso nem sempre se sustenta, porque Augusto César, Tito Vespasiano, Felipe, o Belo, da França[347], Eduardo VI, da Inglaterra, Alcebíades, de Atenas[348], Ismael, o Sofista da Pérsia[349], foram todos grandes e elevados espíritos e, contudo, os mais belos homens de seus tempos. Na beleza, aquela das formas, importa mais do que a da cor, e a do comportamento decente e gracioso mais do que a das formas. Este último é a melhor parte da beleza, que uma pintura não pode expressar; não, nem a primeira visão da vida. Não há beleza excelente que não tenha alguma estranheza na

---

346 Excelência de qualquer tipo (não meramente virtude moral). Em outro lugar Bacon observa que "a virtude é nada mais do que beleza interior" e "a beleza é nada mais do que virtude exterior" (*Obras*, IV. 473).

347 Rei da França, †1314.

348 General e estadista ateniense, †404 a.C.

349 O primeiro Xá da Pérsia (Irã), †1524.

proporção. Um homem não consegue dizer se Apelles[350] ou Albert Durer eram os mais levianos; o último faria um personagem com proporções geométricas[351]; o outro, tomando as melhores partes de diversas faces, compunha uma excelente. Tais personagens, eu acho, não agradariam ninguém, exceto o pintor que as fez. Não apenas eu acho que um pintor pode fazer um rosto melhor do que já foi, mas ele precisa fazê-lo por uma espécie de felicidade (como um músico que toca uma ária excelente), e não pela regra. Um homem verá rostos que, se você os examinar pedaço por pedaço, nunca encontrará um bom e, contudo, quando os pedaços são reunidos, ficam bem. Se for verdade que a parte principal da beleza é a conduta decente, não é de espantar que pessoas mais velhas pareçam muitas vezes mais agradáveis: *pulchrorum autumnus pulcher*[352], porque nenhum jovem pode ser gracioso, exceto por concessão, e considerando que é a juventude que supre a graciosidade. A beleza é como as frutas de verão, que são fáceis de estragar e não duram, e porque a maior parte faz o jovem dissoluto e um velho um pouco fora de compostura. Mas ainda, e certamente outra vez, se ela pousa bem[353], faz as virtudes brilharem e os vícios ruborizarem.

---

350 Pintor grego, século IV a.C. Não foi Apelles, mas Zeuxis, um artista anterior, que, quando desejava pintar um rosto ideal, escolhia cinco belas garotas como seus modelos (ver Cícero, *Sobre a Invenção*, II. 1).

351 Em seu tratado, *Quatro livros sobre a Proporção Humana, Durer expôs a teoria de que leis geométricas poderiam ser usadas para retratar o corpo humano.*

352 O outono do belo é belo (um ditado de Eurípedes preservado em Plutarco, *Alcebíades*, I. 3, e recordado por Bacon em seu *Apophthegms*, 145; ver *Obras, VII. 145).*

353 Se pousa em pessoa de valor.

44

DA DEFORMIDADE

Textos: MS, 1612, 1625

Pessoas deformadas geralmente não devem nada à natureza, porque já que a natureza as tratou mal, assim o fazem elas em relação à natureza, sendo em sua maioria (como dizem as Escrituras) *vazias de afeição natural*[354] e, desse modo, se vingam dela. Certamente há um consentimento entre corpo e mente e *onde a natureza erra em um, compensa em outro: Ubi peccat in uno, periclitatur in altero*[355]. Mas, porque há no homem uma escolha tocando a estrutura de sua mente, e uma necessidade na estrutura de seu corpo, as estrelas da inclinação pessoal encontram-se algumas vezes obscurecidas pelo sol da disciplina e da virtude. Por tanto, é bom considerar a deformidade não como um sinal, que é mais enganador, mas como uma causa, cujo efeito raramente falha. Quem quer que tenha algo fixado em sua pessoa que induza desprezo, tem também, em si mesmo, um impulso perpétuo para se resgatar e se poupar do escárnio. Portanto, todas as pessoas deformadas são de extrema audácia: primeiro, em defesa própria, por estarem expostas ao escárnio; mas, ao longo do tempo, por hábito geral. Também, a deformidade as incita à atividade, e especialmente a deste tipo: ver e observar a fraqueza dos outros, aquela que pode fazê-las dar o troco. Novamente, em seus superiores, sufoca o ciúme

354 A frase, mas não a discussão sobre deformidade, encontra-se em Romanos I.31.

355 Enquanto ela erra em um, corre um risco no outro.

em relação a eles, enquanto pessoas que acham que podem, a seu bel prazer, desprezar. E isso torna apáticos os seus concorrentes e rivais, como se nunca acreditassem que elas devessem ter a possibilidade de avanço, até que as veem no poder. De modo que, no todo, em uma grande deformidade intelectual encontra-se uma vantagem para a elevação. Os reis dos tempos antigos (e atualmente em alguns países) tinham o costume de depositar grande confiança em eunucos, porque eles, que invejavam todos, eram mais obsequiosos e submissos a um. Mas, ainda, confiavam mais neles, pelo fato de serem bons espiões e bons intrigantes, do que em bons magistrados e funcionários. E muito disso é semelhante à condição das pessoas deformadas. Em ambos os casos, eles buscarão, se forem pessoas de espírito, libertar-se do escárnio, por meio da virtude ou da malícia. E, portanto, que ninguém se surpreenda se algumas vezes eles se mostrem excelentes pessoas, como o foi Agesilau[356], Zanger, o filho de Soliman[357], Esopo[358], Gasca, presidente do Peru[359], e Sócrates[360] pode, da mesma forma, ser colocado entre eles e outros.

---

356 Rei de Esparta, século IV a.C, que impôs derrotas aos persas. Ele era deformado e coxo.

357 Diz-se que Zanger, filho de Soliman, o Magnífico, sultão da Turquia, cometeu suicídio, por volta de 1553, ao saber que seu irmão Mustafá tinha sido executado por Soliman. Ele era conhecido como o Corcunda.

358 Em uma biografia medieval não confiável, alegava-se que Esopo era feio e deformado.

359 Pedro de La Gasca, que acabou com a rebelião de Pizarro, no Peru, em 1547. Dizia-se que era desajeitado e desproporcionado, com membros muito compridos em relação a seu corpo.

360 Sócrates era feio, mas não deformado.

45

DA CONSTRUÇÃO

Texto: 1625

Casas são construídas para nelas se viver e não para serem vistas. Portanto, que seu uso seja preferido à uniformidade, exceto onde ambos podem ser obtidos. Deixe de lado os bonitos materiais das casas, apenas pela beleza, aos palácios encantados dos poetas, que os constroem a baixo custo. Aquele que constrói uma boa casa sobre terreno ruim condena-se à prisão. Não considero um terreno ruim apenas aquele onde o ar é insalubre, mas também onde o ar é desigual, como podemos ver naquelas boas casas construídas sobre um outeiro cercado por montanhas mais altas, onde o calor do sol fica confinado e o vento fica encanado. Assim, se terá, e isso repentinamente, uma grande diversidade de calor e frio, como se você morasse em vários lugares. Nem é apenas o ar insalubre que faz um terreno ruim, mas caminhos ruins, mercados ruins e (se dermos ouvidos a Momo[361]) vizinhos ruins. E não falo de tantos mais: falta de água, falta de madeira, sombra e abrigo; falta de fertilidade e mistura de solos de várias naturezas; falta de panorama, falta de locais próximos para os esportes da caça, da falcoaria e corridas; muito próximos do mar; muito remotos; ter a vantagem de rios navegáveis ou o desconforto de suas inundações; muito longe das grandes cidades, o que pode retardar os negócios, ou muito próximo delas, o que consome todas as provisões e torna tudo

361 Momo, o deus da censura, criticou a casa de Atena por não ter rodas que a movesse para longe de maus vizinhos (*Fábulas de Esopo*).

caro; onde um homem tem companhia e onde ele tenha pouco espaço ou provisões. Tudo isso, embora seja impossível talvez de se encontrar tudo junto. É bom saber dessas coisas e pensar sobre elas, porque um homem pode ter tantas quantas puder e, se ele tiver várias residências, que ele as selecione assim, porque aquilo que ele quer em uma, pode encontrar em outra. Lúculo[362] respondeu bem a Pompeu, que, ao ver suas grandiosas galerias e quartos tão grandes e iluminados em uma de suas casas, perguntou: *Certamente um excelente lugar no verão, mas como será no inverno?* Lúculo respondeu: *Por quê? Você não me acha tão sábio quanto algumas aves, que sempre mudam de ninho quando chega o inverno?*

Passando do terreno para a própria casa, faremos como Cícero, na arte da oratória, que escreveu o livro *Sobre o Orador* e outro intitulado *Oratória*, onde, no primeiro, fornece os preceitos da arte e, no segundo, a prática. Portanto, descreveremos um palácio principesco, dele fazendo um breve modelo. Porque é estranho ver, agora na Europa, construções imensas como o Vaticano, o Escurial[363] e alguns outros, que não têm um aposento bom nelas.

Primeiro, portanto, digo que você não pode ter um palácio perfeito exceto se tiver dois lados separados: um lado para os banquetes, como se fala no Livro de Ester[364], e um lado para a residência; um para festas e espetáculos, e o outro para morar. Compreendo estes dois lados não apenas como alas da casa, mas partes da fachada, e uniformes, mas com várias divisões internas, e de ambos os lados de uma suntuosa torre central na fachada, que as une. Eu colocaria, na ala dos banquetes, um único bom aposento na parte superior, de cerca de quarenta pés de altura e, sob ele, um aposento para o preparo de alimentos ou de preparação nos tempos de espetáculos. No outro lado, o da residência, gostaria de dividi-lo na entrada em *hall* e capela (com uma divisória entre eles), ambos de boa condição e tamanho e estes não tomam todo o comprimento, mas têm na extremidade mais afastada uma sala de estar para o inverno e outra

362 General romano, do século I a.C. A troca com Pompeu é recordada por Plutarco, *Lúculo*, XXXIX. 4.

363 O grande palácio dos reis espanhóis, perto de Madri. Foi iniciado por Felipe II, em 1563.

364 Ester 1.5.

para o verão, ambas amplas. E sob estes aposentos, um bom e grande celeiro, escavado no solo, e cozinhas pessoais, com despensas e copas, etc. Quanto à torre, eu a construiria com dois andares com pé-direito de dezoito pés cada, acima do topo das duas alas, e um agradável telhado de chapas no topo, intercalado de estátuas no parapeito. E a torre deve ser dividida em aposentos, como for apropriado. Que as escadas para os aposentos superiores tenham um bom vão central, sem colunas, e corrimão com imagens de madeira moldadas na cor bronze, e com uma plataforma bem ampla no topo. Mas esta servirá como refeitório para os criados, se não for deixado nenhum dos aposentos inferiores para tal. Porque, caso contrário, você terá de deixar os criados comerem na sua sala de jantar, após a sua própria refeição, porque o vapor subirá como em um túnel. E isso é suficiente para a fachada. Acho apenas que a altura do primeiro lance de escadas deva ser de dezesseis pés, que é a altura do aposento inferior.

À frente desta fachada, deve haver um belo pátio, mas três lados dele devem estar em desnível em relação ao frontal. E nos quatro cantos desse pátio, belas escadas dispostas em pequenas torres do lado externo e não dentro da fileira das próprias construções. Mas tais torres não devem ter a altura da fachada, mas altura proporcional à da construção mais baixa. Que o pátio não seja pavimentado, porque isso produzirá muito calor no verão, e frio no inverno. E apenas duas alamedas cruzando-se centralmente, formando quatro quadrados gramados, com a grama mantida aparada, mas não muito. Que as paredes laterais da ala de banquetes formem galerias imponentes com três ou cinco abóbadas ao longo de seu comprimento, colocadas em igual distância e com vitrais coloridos de várias obras de arte. Na ala residencial, aposentos para receber hóspedes e de entretenimentos comuns, com algumas alcovas. E que todos os três lados tenham aposentos na parte da frente e na detrás, sem janelas laterais, para que você tenha aposentos voltados para o sol, tanto de manhã, quanto à tarde. Planeje também de modo a ter aposentos para o verão e aposentos para o inverno: sombreados no verão e quentes no inverno. Algumas vezes vemos belas casas com tantos vidros, que uma pessoa não saberá onde se colocar para não ser atingida pelo sol ou pelo frio. Quanto a janelas embutidas, acho-as de bom uso (nas cidades, de fato, são ainda melhores, quanto à uniformidade em relação à rua), porque são bons lugares para se conversar; e, além disso, mantêm tanto o vento quanto o sol afastados, porque aquilo que atingiria quase todo o aposento pouco atravessará a janela. Mas que sejam poucas: quatro para o pátio, apenas nas laterais.

Além deste pátio, que haja um pátio interno, do mesmo tamanho e altura, que deve ser cercado por jardins em todos os lados e o interior enclausurado em todos os lados por belos arcos, com a altura do primeiro andar. Que o térreo, voltado para o jardim, seja como uma gruta ou lugar de sombra ou veraneio e tenha apenas abertura e janelas voltadas para esse jardim e que estejam ao nível do chão, sem afundarem no solo, para evitar a umidade. E que haja uma fonte ou algum belo trabalho de estátuas no meio desse pátio, que não deve ser pavimentado, como foi feito no pátio da frente. Estas são construções para aposentos privados em ambos os lados e, na extremidade, para galerias privadas. É preciso deixar uma delas para uma enfermaria, se o príncipe ou qualquer pessoa especial ficar doente, com antecâmara, câmaras, dormitório e um banheiro ligado a eles. Tudo isso no segundo andar. Sobre o térreo, uma bonita galeria, aberta, sobre pilares. E sobre o terceiro pavimento também, uma galeria aberta sobre pilares, para se ter uma boa perspectiva e o frescor do jardim. Em ambos os cantos do último lado, no retorno, dois gabinetes delicados ou ricos, com pisos de bom gosto e ricas cortinas, envidraçados com vidros cristalinos, uma rica cúpula no centro e todas as outras coisas elegantes que se possa pensar. Na galeria superior também, desejo que possa haver, se o lugar permitir, algumas fontes ao longo de diversos lugares da parede, com alguns bons locais para a vazão das águas. E, neste caso, é muito para o modelo do palácio, exceto que você precisa ter, antes de chegar à fachada, três pátios. Um pátio plano verde, cercado por muros; um segundo pátio do mesmo tamanho, mas mais guarnecido por pequenas torres ou ornamentos no muro; e um terceiro, para compor um quadrado com a fachada, mas sem construções, nem mesmo um muro nu, mas circundado por terraços cobertos e completamente decorados em três lados e abobadados no interior, com pilares, mas sem arcos embaixo. Quanto aos escritórios, que fiquem à distância, com algumas galerias baixas ligando-os ao próprio palácio.

46

DOS JARDINS

Texto: 1625

Deus Todo-Poderoso primeiro plantou um jardim. E de fato este é o mais puro dos prazeres humanos. É o maior refrigério para o espírito do homem, sem o qual construções e palácios são apenas trabalhos manuais e um homem sempre verá que, quando as eras chegam à civilização e elegância, os homens constroem imponentemente, para logo depois ajardinarem lindamente, como se a jardinagem fosse a perfeição maior. Sustento, na ordem real de jardins, que é preciso existir jardins para todos os meses do ano, nos quais várias coisas belas possam, então, ser vistas na estação própria. Para dezembro e janeiro, e a última parte de novembro, é preciso plantar coisas que permaneçam verdes durante todo o inverno: azevinho, hera, louro, junípero, cipreste, teixo, pinheiros, abetos, alecrim, alfazema, vincas (as brancas, as púrpuras e as azuis), germandreias, íris, laranjeiras, limoeiros e murtas (se forem mantidos em estufas) e manjerona-doce (plantada em local quente e ensolarado). Daí segue, na parte final de janeiro e em fevereiro, o mezereão, que então floresce; o açafrão (tanto do amarelo quanto do cinza), as prímulas, anêmonas, tulipas precoces, jacintos, a íris anã, a fritelaria. Para março, chegam as violetas, especialmente as azuis simples, que são as primeiras; o narciso amarelo, a margarida, a amendoeira em flor, o pessegueiro em flor, cornisos em flor e a roseira-brava. Em abril, seguem-se a violeta-branca-dobrada, o goivo-amarelo, o cravo, a prímula silvestre, a flor-de-lis, e lírios de todos os tipos; flores de alecrim, as tulipas, a peônia dobrada, o narciso branco, a madressilva francesa, a cerejeira em flor, o damasqueiro e a ameixeira em flor, o espinheiro-branco em folha, o lilás. Em maio e junho, chega a cor-de--rosa de todos os tipos, especialmente o rosa azulado; rosas de todas as espécies, exceto a mosqueta, que chega posteriormente; madressilvas, morangos, línguas-de-vaca, aquilégias, tagetes, cerejeiras em fruto, groselheiras, figueiras em fruto, framboesas, videiras em flor, alfazema em flor; jacinto, videira, o lírio-do-vale, macieiras em flor. Em julho chegam os goivos de todas as variedades, a rosa-mosqueta, as limeiras em flor, peras e ameixas precoces em fruto, as maçãs temporãs, maçãs verdes para cozinhar. Em agosto vêm as ameixeiras de todos os tipos em fruto, peras, damascos, a uva-espim, avelãs, melões almiscarados, acônitos de todas as cores. Em setembro chegam as uvas, as maçãs, as papoulas de todas as cores, os pêssegos (os normais e os grandes), as nectarinas, as cornalinas, as peras-d'água, os marmelos. Em outubro e início de novembro, temos as nêsperas, ameixas de cacho, roseiras podadas ou transplantadas para futuro florescimento, malva-rosa e assemelhados. Mas tudo isso serve para o clima de Londres, porém, o sentido dado é percebido, ou seja, você pode ter *ver perpetuum*[365] de acordo com o que permite o lugar.

E porque a respiração das flores é mais doce no ar (onde vem e vai como acordes de música) do que na mão, nada é mais apropriado ao deleite do que saber quais as flores e plantas que melhor perfumam o ar. Rosas (as vermelhas e as rosadas) são as flores que retêm seus perfumes. De modo que você pode caminhar ao longo de toda uma fileira delas e não sentir nada de sua doçura, embora ainda seja a hora do orvalho matinal. Os loureiros não possuem nenhum aroma enquanto crescem; nem a manjerona; o alecrim, pouco. Aquela que acima de todas as outras sustenta no ar o perfume mais doce é a violeta, especialmente a branca dobrada, que floresce duas vezes por ano: por volta da metade de abril e no Dia de S. Bartolomeu[366]. Depois dela, temos a rosa-mosqueta. Em seguida, as folhas moribundas de morango, com aroma excelente. Então vem a flor das videiras; é um pó fino, como

365 Primavera perpétua.

366 24 de agosto.

o pó de capim, que cai sobre o cacho na primeira florada. Depois a roseira-brava. Em seguida, os goivos-amarelos, que são encantadores para serem plantados sob a janela de um gabinete do térreo. Depois, os cravos, especialmente o cravo róseo fosco e o cravo-da-índia. Após, as flores da limeira. Em seguida as madressilvas, mas um pouco mais afastadas. Das flores de fava não falo, porque são flores do campo. Mas aquelas que perfumam o ar mais deliciosamente, não como as demais, mas pisoteadas e esmagadas, são três: a pimpinela, o tomilho silvestre e as hortelãs. Você pode plantar aleias inteiras delas, para ter o prazer de sentir o perfume, quando caminhar por elas.

Quanto ao jardim (falando daqueles que são, de fato, principescos, como fizemos com as construções), seu tamanho não deve ser menor do que trinta acres de terra e deve ser dividido em três partes: a verde, na entrada; um descampado na outra extremidade, e o jardim principal no meio, além de aleias em ambos os lados. Quatro acres de terra devem ser destinados à parte verde; seis para o descampado; quatro acres de cada lado e doze no meio para o jardim principal. A verde traz dois prazeres: o primeiro, porque nada é mais agradável aos olhos do que um gramado verde bem aparado; o segundo, porque será possível abrir uma aleia no meio dele, pela qual se caminhará ao longo de uma imensa cerca viva, que rodeia o jardim. Mas pelo fato da aleia ser longa e na época do ano ou em dias de grande calor, não haverá sombra nessa parte do jardim. Portanto, em ambos os lados do gramado, será preciso construir uma aleia sob uma cobertura feita de madeira, com doze pés de altura, pela qual se pode caminhar na sombra pelo jardim. Quanto a canteiros ou figuras com diversos tipos de terra colorida, que podem ficar sob as janelas da casa, naquele lado em que se encontra o jardim, são apenas uma brincadeira. Você pode ter uma boa visão de coisas desse tipo nas tortas. É melhor que o jardim seja quadrado, cercado nos quatro lados por imponente cerca viva arqueada, sendo os arcos sustentados por pilares de madeira, com cerca de dez pés de altura e seis de largura, espaçados com a mesma dimensão da amplitude do arco. Acima dos arcos deve haver uma cerca viva contínua de aproximadamente quatro pés de altura, estruturada também sobre carpintaria, e sobre a cerca viva superior, sobre cada arco, uma pequena torre com um bojo capaz de receber uma gaiola de pássaros.

E sobre cada espaço entre os arcos, algumas poucas figuras, com largos pratos de vidro redondo colorido, com brilho superficial, para que o sol possa brincar neles. Minha intenção é que esta cerca viva seja levantada sobre um aterro, não íngreme, mas com declive suave, de cerca de seis pés, todo coberto de flores. Também acho que este quadrado do jardim não deva ter toda a largura do solo, mas que se deve deixar de cada lado terra suficiente para várias aleias laterais, para as quais convergem as duas aleias cobertas do gramado. Mas não deve haver qualquer aleia com cerca viva nas extremidades deste grande terreno cercado, nem na extremidade mais próxima, porque isso obstruiria a perspectiva da cerca viva a partir do gramado. Também não deve haver na extremidade mais distante, por obstruir a perspectiva, a partir da cerca viva, através dos arcos, sobre o descampado.

Quanto aos arranjos do solo dentro deste grande quadrado de cerca viva, há vários artifícios. Contudo, aconselho que qualquer que seja a forma que você disponha nele, primeiro, que não seja cheio de coisas. De minha parte, não gosto de imagens modeladas em juníperos ou outras plantas: isso é para as crianças. Gosto muito de poucas cercas vivas baixas, redondas, como bordas para lindas pirâmides. E em alguns lugares, colunas uniformes em estruturas de carpintaria. Também teria aleias espaçosas e belas. Você pode ter também aleias mais estreitas nas laterais do terreno, mas nenhuma no terreno principal. Desejo igualmente, bem no centro, um monte com três rampas e aleias, de largura suficiente para que quatro pessoas possam caminhar por elas lado a lado, formando círculos perfeitos, sem qualquer amurada ou relevo. Todo o monte deve ter trinta pés de altura e um bom salão de festas, com algumas lareiras ordenadamente distribuídas e sem muito vidro.

Quanto às fontes, são uma grande beleza e refrigério, mas os lagos estragam tudo e tornam o jardim insalubre e cheio de moscas e sapos. Recomendo que as fontes sejam de duas naturezas: a primeira borrifa água; a outra, um receptáculo de água, de trinta ou quarenta pés quadrados, mas sem peixes, lama ou lodo. Quanto à primeira, ornamentos de imagens douradas ou de mármore, que estão em uso, são bons. Mas a água deve fluir, sem nunca ficar parada, tanto nos recipientes, quanto na cisterna, para que nunca se torne descorada, verde ou vermelha ou tenha musgos ou putrefação. Além disso, a fonte deve ser limpa todos os dias manualmente. Também são bons alguns degraus para se chegar a ela e um bom calçamento ao seu redor. Quanto ao outro tipo de fonte, que podemos chamar de banheira, pode permitir muita arte e beleza, das quais ainda não tratamos: o fundo deve ser lindamente revestido e com imagens; a mesma coisa para as laterais, e tudo embelezado com vidros coloridos e outras coisas brilhantes, rodeado também com lindas fileiras de estátuas baixas. Mas o ponto principal é o mesmo que mencionamos para o primeiro tipo de fonte: a água deve estar em constante movimento, alimentada por água que venha de uma posição superior à da fonte e a ela chegando por meio de lindas bicas e, então, descarregada sob o solo, por algumas perfurações, de modo que a água ali permaneça pouco. E quanto aos artifícios, do repuxo de água sem derramamento, fazendo-o elevar-se sob várias formas (de penas, copos, liteiras e outras), são coisas bonitas de se ver, mas nada boas para a saúde e a doçura.

Quanto ao descampado, que era a terceira parte de nosso projeto, que seja composto, tanto quanto possível, por um terreno baldio natural. Não colocaria árvores nele, mas algumas moitas só de roseiras bravas e madressilvas e, entre elas, algumas videiras silvestres; e o solo coberto de violetas, morangos e prímulas, porque são doces e prosperam na sombra. E espalhados aqui e ali, sem qualquer ordem. Gosto também de alguns morrinhos de terra (como ocorrem em terrenos baldios), alguns plantados com tomilho silvestre, alguns com cravos, alguns com germandreias, que produzem flores boas à vista; alguns com vincas, outros com violetas, outros com morangos, alguns com prímulas silvestres, outros com margaridas, rosas vermelhas, lírios do vale, cravinas vermelhas, patas de urso e flores baixas semelhantes, doces e vistosas. Parte desses morrinhos deve ter padrões de poucos arbustos plantados no topo e a outra parte sem eles. Os arbustos são de rosas, junípero, azevinho, uva-espim (mas aqui e ali, por causa do cheiro de sua inflorescência), groselha vermelha, groselha espinhosa, alecrim, louro, roseira-brava, etc. Mas estes padrões devem ser mantidos podados, porque crescem irregularmente.

Quanto aos solos laterais, são preenchidos por uma variedade de aleias particulares, algumas para dar sombra total em qualquer posição que esteja o sol. Você pode estruturar algumas como um abrigo que, quando sopra o vento, ele o corte, de modo que você possa caminhar como em uma galeria. E tais aleias precisam ter, do mesmo modo, cercas vivas nas extremidades, para manter fora o vento. E essas aleias mais fechadas precisam estar sempre cobertas por cascalho e sem grama, para se poder caminhar por elas quando o tempo estiver úmido. Do mesmo modo, em muitas dessas aleias pode se plantar árvores frutíferas de todos os tipos, bem como junto aos muros, em fileira. E essa orla onde as árvores frutíferas são plantadas deve ser ampla e bela, e baixa, e não íngreme, e com lindas flores plantadas, mas esparsamente, para que não retirem os nutrientes das árvores. Na extremidade de ambos os lados, eu teria um monte de alguma altura, deixando o muro da área cercada como um parapeito alto, para que se possa olhar para os campos.

Quanto ao jardim principal, não posso negar que deve haver algumas belas aleias arranjadas em ambos os lados, com árvores frutíferas e algumas belas moitas de frutíferas, e pérgulas com assentos, colocadas em alguma boa ordem, mas estas de jeito nenhum devem ser numerosas, para que o jardim principal não fique fechado, mas ao ar livre. Quanto à sombra, você utiliza as aleias laterais para caminhar, se estiver disposto, na época quente do ano ou dia. Mas leve em consideração que o jardim principal deve ser usado nas épocas mais temperadas do ano e, no calor do verão, pela manhã e à tardinha ou dias nublados.

Quanto aos aviários, não gosto deles, exceto se tiverem um tamanho tal que possam ser gramados e tenham plantas e arbustos vivos, para que os pássaros tenham um espaço maior e possam fazer ninhos à maneira natural. E que não apareça nenhuma sujeira no chão do aviário. Assim, fiz um projeto de um jardim principesco, mediante instruções, em parte por esboço, não um modelo, mas algumas linhas gerais dele, e não pensei em economizar. Mas como não custa nada aos grandes príncipes, eles, em sua maioria, pedem conselhos aos trabalhadores, que, com não menos custo, juntam as coisas e, algumas vezes, acrescentam estátuas e outras coisas para a opulência e magnificência, mas nada para o verdadeiro prazer de um jardim.

47

DA NEGOCIAÇÃO

Textos: 1597, MS, 1612, 1625

Geralmente é melhor negociar por meio de conversas do que por carta, e com a mediação de um terceiro do que pela própria pessoa. Cartas são boas quando se necessita de uma resposta por carta novamente, ou quando pode servir como justificativa para a produção de uma carta própria, ou quando pode haver o perigo de ser interrompido ou ouvido de forma fragmentária. Negociar pessoalmente é bom quando a face da pessoa impõe respeito, como geralmente ocorre com subalternos; ou em casos delicados, quando o olhar da pessoa sobre o semblante daquele com quem fala pode lhe dar uma orientação sobre como prosseguir, e geralmente onde a pessoa se reservará a liberdade de ou negar ou esclarecer. Na escolha dos agentes, é melhor escolher homens de natureza mais simples, que gostam de fazer aquilo que se comprometeram a fazer e que relatam fielmente o resultado, do que aqueles que sabem como dar um jeito nos negócios de outros, um pouco para se satisfazerem, e relatarão o resultado como melhor do que realmente é, para satisfazer seu patrão. Use também tais pessoas, quando isso afeta o negócio em que são utilizadas, porque o acelera muito, empregando-as de acordo com o assunto: homens audaciosos para expostulação, homens falantes para a persuasão, homens astuciosos para investigação e observação, homens obstinados e inflexíveis para negócios que não se sustentam bem. Use também aqueles que têm sorte e venceram anteriormente em situações semelhantes, porque isso cria confiança e eles lutarão para manter sua fama. É melhor sondar à distância a pessoa com quem se negocia, do que lançar-se ao ponto logo de início, exceto se você quiser surpreendê-la com alguma pergunta abrupta. É melhor negociar com homens ávidos por promoção do que com aqueles que estão onde deveriam estar. Se um homem negociar com outro sob condições, o desempenho inicial é tudo; aquilo que não se pode razoavelmente demandar, exceto se a natureza da coisa for tal que precise vir primeiro, ou então o homem pode persuadir a outra parte de que ainda precisará dele em alguma outra coisa, ou então que ele seja considerado como o homem mais honesto. Toda prática serve para descobrir ou trabalhar. Os homens se revelam na confiança, na paixão, no inesperado, e na necessidade, quando deveriam ter feito alguma coisa e não conseguiram encontrar uma desculpa hábil. Se você for manipular algum homem, precisa ou conhecer sua natureza e hábitos e, assim, conduzi-lo; ou conhecer seus objetivos e, então, persuadi-lo; ou conhecer suas fraquezas e desvantagens e, assim, influenciá-lo; ou conhecer aqueles que têm interesse nele e, então, governá-lo. Ao negociar com pessoas astuciosas, precisamos sempre considerar seus objetivos, interpretar suas falas e é bom dizer pouco a eles e aquilo que eles menos estão procurando. Em todas as negociações difíceis, o homem não pode semear e colher tudo de uma vez, mas precisa preparar o negócio e, então, amadurecê-lo por etapas.

48

DE SEGUIDORES E AMIGOS

Textos: 1597, MS, 1612, 1625

Seguidores dispendiosos não são queridos, a fim de que, enquanto o homem estica sua cauda, esse seguidor não torne curtas as sua asas. Considero custosos não apenas aqueles que pesam no bolso, mas também aqueles que são enfadonhos e importunos nas solicitações. Seguidores comuns não devem exigir condições mais elevadas do que apoio, recomendação e proteção contra as injustiças. Seguidores facciosos são piores, porque seguem a pessoa com a qual se alinham não por afeto, mas por descontentamento em relação a alguma outra, de onde geralmente se seguem desentendimentos, que muitas vezes vemos entre grandes personalidades. Do mesmo modo, seguidores jactanciosos, que fazem de si mesmos trombetas do elogio àqueles que seguem, são muito inconvenientes, porque estragam os negócios que demandam segredo, e exportam a honra de um homem, trazendo-lhe em troca a inveja. Há um tipo de seguidores que são, do mesmo modo, perigosos, porque são, de fato, espiões, que investigam os segredos da casa e inventam histórias sobre eles aos outros. E ainda: tais homens, que muitas vezes desfrutam grande favorecimento, porque são ótimos no cumprimento de seus deveres, geralmente trocam histórias. Os seguidores de certas classes de homens, responsáveis por aquela que uma grande pessoa professa (como a dos soldados que a seguiram numa guerra, e coisas semelhantes), sempre foram coisa pública e bem recebida, mesmo nas monarquias, e assim é sem muita pompa ou popularidade. Mas a espécie mais honrosa de seguidor é aquela que aprendeu a avançar a virtude e desistir de todos os tipos de pessoa. E ainda, onde não há aqueles que excedem em habilidade, é melhor ter amizade com o mais medíocre do que com o mais capaz. E, além disso, para falar a verdade, em tempos ruins, homens ativos são mais úteis do que os talentosos. É verdade que, no governo, é bom usar igualmente homens de mesma posição, porque favorecer extraordinariamente alguém torna-o insolente e o restante descontente, porque podem reivindicar o direito de serem tratados igualmente. Mas, por outro lado, no favorecimento, usar homens com muita distinção e discriminação é bom, porque torna mais grata a pessoa preferida e o restante mais atencioso, porque todos são a favor. É bom não esperar muito de um homem inicialmente, porque ele pode não corresponder à altura. Ser governado (como o dizemos) por um só não é seguro, porque demonstra fraqueza e dá margem a escândalo e má reputação, porque aqueles que não censurariam ou falariam mal de um homem imediatamente, falarão mais ousadamente daqueles que, para eles, são muito grandes e, desse modo, ferirão sua honra. E ainda: ser confundido com muitos é pior, porque faz os homens serem influenciados pela última impressão e volúveis. Pedir conselho a alguns poucos amigos é sempre honroso, porque *os espectadores muitas vezes veem mais do que os jogadores; e o vale melhor revela a colina*. Há pouca amizade no mundo e menos ainda entre iguais, coisa que costumava ser exagerada. Aquela que existe é entre o superior e o inferior, cujas fortunas podem incluir uma a outra.

49

DOS LITIGANTES

Textos: 1597, MS, 1612, 1625

Muitos assuntos e projetos maléficos são empreendidos e ações judiciais privadas putrefazem o bem público. Questões muito boas são empreendidas por mentes ruins. Não estou falando apenas de mentes corruptas, mas daquelas astuciosas que não buscam a execução. Alguns abraçam causas das quais efetivamente nunca se ocuparão, mas, se veem que pode haver interesse no assunto por algum outro meio, ficarão contentes em ganhar um agradecimento, ou um prêmio secundário ou, pelo menos, fazer uso ao mesmo tempo das esperanças do demandante. Alguns sustentam ações judiciais apenas pela ocasião de cruzar com alguma outra ou para obter uma informação que, de outro modo, não teriam alguma desculpa hábil para obterem, sem se preocuparem com o que ocorrerá com a ação, quando a informação é obtida; ou geralmente fazer do negócio de outros homens uma espécie de prelúdio aos seus próprios negócios. Mais ainda: alguns empreendem ações com o propósito de elas falharem, tendo como objetivo agradar a parte contrária ou competidora. Certamente, há algum tipo de direito em toda ação judicial, ou um direito de equidade, se for um processo de controvérsia, ou um direito de desistir, se for uma petição. Se o afeto levar um homem a favorecer o lado errado na Justiça, que ele use o seu favor mais para compor a questão do que para conduzi-la. Se a afeição leva um homem a favorecer o menos merecedor na desistência, que ele o faça sem difamar ou incapacitar o mais merecedor.

Em ações em que um homem não compreende bem, é bom referi-las a algum amigo de confiança e julgamento, que possa dizer se ele pode tratar delas com honra; mas que ele escolha bem seus referendários, senão pode ser conduzido pelo nariz. Litigantes ficam tão ofendidos com demoras e abusos, que acordo evidente, ao se negar a negociar em ações inicialmente e no relato vazio do resultado e no desafio de não se pedir mais agradecimentos do que se merece, não apenas é honroso, mas também cortês. Em ações de favorecimento, a primeira petição apresentada deve ter pouco significado. Daí em diante deve se considerar se o pretendente merece confiança, porque, se a compreensão do assunto não pode de outro modo ser obtida a não ser por ele, a vantagem não será digna de nota, exceto pela parte que terá de obtê-la por seus outros meios e de alguma forma recompensada por sua descoberta. Ignorar o valor de uma causa é ingenuidade, bem como ignorar o direito dela é falta de consciência. O sigilo nas ações judiciais é uma grande maneira de vencê-las, porque proclamá-las precocemente pode desencorajar certo tipo de pretendente, mas acelera e desperta outros. Mas o principal é a escolha do tempo apropriado para a ação. Digo tempo apropriado não apenas em relação à pessoa que deve subvencioná-la, mas em relação àqueles que a ela irão se opor. Que um homem, ao escolher o seu advogado, escolha aquele mais apropriado do que o de maior reputação, e mais aquele especialista em algumas coisas, do que o generalista. A reparação de uma denegação é algumas vezes igual à primeira concessão, se o homem não se mostrar nem abatido, nem descontente. *Iniquum petas, ut aequum feras*[367] é uma boa regra, onde o homem tem a força do favorecimento; mas, caso contrário, o melhor seria que fosse lentamente aumentando as demandas, porque aquele que se aventura inicialmente corre o risco de perder o cliente e, na conclusão, perder tanto o cliente quanto o seu antigo favoritismo. Nada é tão fácil quanto o pedido de recomendação de uma pessoa importante e, contudo, se não for por uma boa causa, muito reduzirá sua reputação. Não há agentes piores do que esses maquinadores de ações judiciais, porque são uma espécie de veneno e infecção dos procedimentos públicos.

---

367 Peça mais do que é justo, para que possa receber o que é devido (Quintiliano, *A Educação de um Orador*, IV. 5. 16).

50

DOS ESTUDOS

Textos: 1597, MS, 1612, 1625

Os estudos servem para o prazer, como ornamento e para tornar o homem capaz. Seu uso principal em relação ao prazer encontra-se na privacidade e no retiro; como ornamento, no discurso; e em relação à capacidade, no julgamento e disposição para os negócios. Porque homens experientes podem executar e, talvez, julgar os detalhes, um a um; mas as orientações gerais, o planejamento e organização dos negócios vêm melhor daqueles instruídos. Perder muito tempo com os estudos é preguiça; utilizá-los muito para ornamento é afetação; fazer julgamentos unicamente por suas regras é o temperamento dos acadêmicos. Os estudos aperfeiçoam a natureza e são aperfeiçoados pela experiência, porque habilidades naturais são como as plantas que precisam ser cultivadas pelos estudos e os próprios estudos fornecem orientações muito amplas, exceto quando aglutinadas pela experiência. Homens astuciosos desprezam os estudos; homens simples admiram-nos e homens sábios usam-nos, porque eles não ensinam o seu próprio uso, mas existe uma sabedoria sem eles e acima deles obtida pela observação. Leia não para contradizer e refutar, nem para crer ou aceitar como certeza, nem para encontrar assunto para conversas e discursos, mas para pesar e considerar. Alguns livros devem ser degustados, outros engolidos e alguns poucos para serem mastigados e digeridos, ou seja, alguns livros devem ser lidos apenas em parte; outros lidos, mas não por curiosidade e alguns poucos devem ser lidos totalmente e com diligência e atenção. Alguns livros também podem ser lidos por outros, que deles fazem resumos, mas isso só deve ser feito quanto a argumentos menos importantes e com livros de espécie mais inferior; além disso, livros destilados são como água destilada comum, ou seja, insípidos. Ler torna um homem completo; a deliberação, um homem preparado; e a escrita, um homem exato. E, portanto, se um homem escreve pouco, ele precisa ter uma grande memória; se delibera pouco, precisa ter sagacidade; e se lê pouco, precisa ter muita astúcia para parecer que conhece aquilo que não sabe. A História torna os homens sábios; a poesia, engenhosos; a matemática, sutis; a filosofia natural, profundos; a moral, sérios; a lógica e a retórica, capazes para o debate. *Abeunt studia in mores*[368]. E mais: não há obstáculo ou impedimento na mente que não possa ser trabalhado por estudos apropriados, como nas doenças, quando o corpo pode ser curado por exercícios adequados. Jogar boliche é bom para os rins e para a bexiga; caçar, para os pulmões e para o peito; a caminhada suave, para o estômago; cavalgar, para a cabeça; e outros exercícios semelhantes. Assim, se a mente de um homem fica vagando, que ele estude matemática, porque se, nas demonstrações, sua mente se distrair um pouco, terá de começar de novo. Se sua mente não está apta a distinguir ou encontrar diferenças, que estude os acadêmicos, porque eles são *cymini sectores*[369]. Se não é apto a cobrir totalmente os assuntos e para recordar uma coisa de modo a provar e ilustrar outra, que ele estude as causas dos advogados. Assim, todo defeito mental pode ter uma prescrição especial.

---

368 Os estudos moldam o caráter do homem (Ovídio, *Heroides*, XV. 83).

369 Rachadores de semente miúda.

51

DO PARTIDARISMO

Textos: 1597, MS, 1612, 1625

Muitos têm uma falsa opinião de que é parte principal da política, para que um príncipe governe seu Estado ou uma grande pessoa governe seus negócios, é fazê-lo respeitando as facções, ao passo que, contrariamente, a sabedoria principal é ou ordenar aquelas coisas que são gerais e com as quais homens de diversas facções concordam, ou lidar com determinados indivíduos um a um. Mas não digo que se devam negligenciar considerações relativas às facções. Homens comuns, em sua ascensão, precisam aderir a alguma delas. Mas grandes homens, que são interiormente fortes, são aqueles que melhor se mantêm indiferentes e neutros. Contudo, mesmo em iniciantes, aderir muito moderadamente, de modo que possa pertencer a uma facção que é mais passável do que outra, é geralmente o melhor caminho. A facção mais inferior e mais fraca é a mais firme na associação, e frequentemente se vê que uns poucos obstinados causam um número maior de moderados. Quando uma das facções é extinta, as remanescentes se subdividem, como aquela facção entre Lúculo e o restante dos nobres do Senado (que eles chamavam de *Optimates*[370]) que foi mantida por um tempo contra a facção de Pompeu e César. Mas, quando a autoridade do Senado foi tirada, César e Pompeu logo depois se separaram. A facção ou partido de Antônio e Otaviano César, contra Brutus e Cássio, da

370 Aristocratas.

mesma forma se manteve por um tempo. Mas, quando Brutus e Cássio foram derrotados, logo depois Antônio e Otaviano se separaram e subdividiram. Estes são exemplos de guerra, mas o mesmo se dá com facções privadas. E, portanto, aqueles que, nas facções, são subordinados muitas vezes, quando a facção se subdivide, tornam-se chefes; mas, muitas vezes também, se provam nulidades e são despedidos, porque para muitos a força de um homem está na oposição e, quando isso falha, ele deixa de ter uso. Geralmente, se vê que homens, uma vez no poder, passam para a facção contrária àquela pela qual chegaram ao poder, pensando talvez que, já que é o primeiro, agora está pronto para uma nova aquisição. O traidor de uma facção geralmente a deixa como um vencedor, pois quando as questões ficaram muito tempo em equilíbrio, os lucros de alguns são derrubados por um homem e este recebe todos os agradecimentos. A transferência equilibrada entre duas facções nem sempre procede da moderação, mas de se colocar o próprio interesse em primeiro lugar, com o objetivo de fazer uso de ambos. Certamente, na Itália, acham que isso é um pouco suspeito nos papas, quando têm frequentemente em suas bocas o *Padre commune*[371] e o tomam como sinal daquilo que significa a grandeza de sua própria casa. Reis precisam ter cuidado com os partidos que tomam, porque as ligas dentro do Estado são sempre perniciosas às monarquias, porque elevam uma obrigação superior ao nível de uma obrigação de soberania, e tornam o rei *tanquam unus ex nobis*[372], como foi visto na Liga da França[373]. Quando as facções se tornam muito elevadas e de maneira muito violenta, isso é sinal de fraqueza nos príncipes e prejudica muito tanto a sua autoridade quanto os negócios. Os movimentos das facções sob os reis devem ser como os movimentos (como dizem os astrônomos) dos orbes inferiores, que podem ter seus próprios movimentos, mas ainda são calmamente conduzidos pelo movimento superior do *primum mobile*[374].

---

371 Pai de todos.

372 Como um de nós (de Gênesis 3. 22).

373 Ver Ensaio 15.

374 Ver Ensaio 15.

52

DAS CERIMÔNIAS E DEFERÊNCIAS

Textos: 1597, MS, 1612, 1625

Aquele que é apenas sincero e honesto precisa exceder na virtude, como a pedra precisa ser preciosa para ser fixada sem adorno. Mas, se um homem bem observar, está no louvor e elogio de homens, como está nos ganhos e lucros, porque é verdadeiro o provérbio que diz *que ganhos rápidos tornam pesadas as bolsas*, pois eles são numerosos, enquanto os grandes só ocasionalmente. Assim, é verdade que as pequenas causas recebem grandes elogios, porque estão continuamente em uso e em observação, enquanto a ocasião de qualquer grande virtude vem apenas em festejos. Portanto, acrescenta muito à reputação de um homem e é bom tê-las (como disse a Rainha Isabel[375]) como *cartas de recomendação perpétuas*. Para obtê-las quase basta não desprezá-las, porque assim o homem irá observá-las nos outros; e que ele confie em si mesmo em relação ao resto. Porque, se ele trabalha muito para expressá-las, elas perdem sua graça, que está em serem naturais e não contaminadas. O comportamento de alguns homens é como um verso em que cada sílaba é medida. Como pode um homem compreender grandes assuntos, que subjugam muito sua mente a pequenas observações? Não fazer nenhum uso das cerimônias é ensinar os outros a não usá-las novamente e, assim, diminuir o respeito para consigo mesmo (elas não devem ser especialmente omitidas em relação a estrangeiros

375 Rainha Isabel de Castela. Seu ditado foi registrado por Tungínio, *Apophthegmata*, 1609.

e a pessoas formais). Mas viver delas e exaltá-las demais não apenas é tedioso, mas diminui a fé e a crença naquele que fala. E certamente há uma espécie de transmissão de passagens efetivas e memoráveis entre cumprimentos, que é de uso extraordinário, se um homem conseguir acertá-la. Entre seus pares, um homem estará seguro na familiaridade e, portanto, não é muito bom manter a pompa. Entre subalternos, um homem terá a certeza da reverência e, portanto, não é muito bom ser informal. Aquele que extrapola em alguma coisa, dá ao outro a ocasião de saciedade e torna a si mesmo uma coisa barata. Dedicar-se aos outros é bom, mas que seja com demonstração de que o homem o faz por consideração e não por facilidade. Em geral, é bom preceito apoiar outro, desde que se acrescente alguma coisa própria, como, por exemplo, se você ceder à opinião dele, que seja com alguma distinção; se seguir sua proposta, que seja sob condição; se aprovar seu conselho, que seja alegando razão ulterior. Os homens precisam ter cuidado para não serem muito perfeitos nos cumprimentos, porque, caso contrário, se eles não forem suficientes, aqueles que os invejam lhes darão esse atributo, para desvantagem de suas maiores virtudes. Também leva à perda nos negócios ser muito cheio de formalidades ou ser muito cuidadoso na observação dos tempos e das oportunidades. Salomão disse: *Aquele que considera o vento não semeará e aquele que olha para as nuvens não colherá*[376]. Um homem sábio produzirá mais oportunidades do que as encontra. O comportamento dos homens deve ser como o seu vestuário, não muito justo ou modelado, mas livre para o exercício ou o movimento.

376 Eclesiastes 11. 4.

53

DO LOUVOR

Textos: MS, 1612, 1625

O louvor é o reflexo da virtude, mas é como o vidro ou corpo que dá o reflexo. Se for de pessoas comuns, geralmente é falso e sem valor e segue mais as pessoas fúteis do que as virtuosas. Porque as pessoas comuns não compreendem muitas virtudes excelentes. As virtudes mais inferiores atraem o louvor para elas; as virtudes medianas produzem o espanto ou a admiração; mas das virtudes mais superiores elas não têm qualquer noção ou percepção. Porém, as exibições e *species virtutibus similes*[377] servem melhor a elas. Certamente a fama é como um rio que traz à tona coisas leves e engolem e afundam coisas pesadas e sólidas. Mas, se pessoas de qualidade e julgamento coincidem, então é (como dizem as Escrituras) *Nomen bonum instar unguenti fragrantis*[378]: preenche tudo ao redor e não vai embora facilmente. Porque os aromas dos unguentos são mais duráveis do que aqueles das flores. Há tantos falsos louvores que um homem pode suspeitar deles justamente. Alguns elogios são mera bajulação e se o homem for um bajulador comum, terá certos atributos comuns que podem servir para qualquer homem. Se for um bajulador astucioso, seguirá o arquibajulador, que é o caráter do homem e é onde ele pensa o melhor de si mesmo; daí o bajulador

377 Aparências semelhantes a virtudes.

378 Um bom nome é semelhante a um unguento perfumado (ver Eclesiastes 7.1).

irá aprová-lo ainda mais. Mas, se ele for um bajulador imprudente, olhará onde o homem tem mais consciência de que é imperfeito e mostra mais tal imperfeição em seu semblante, que o bajulador irá se sentir autorizado a necessariamente *spreta conscientia*[379]. Alguns elogios provêm do respeito e de bons votos, que constituem a forma devida, na civilização, a reis e grandes pessoas; *laudando praecipere*[380], quando, ao se dizer aos homens o que são, mostram a eles o que devem ser. Alguns homens são maliciosamente louvados para seu prejuízo, por incitarem a inveja e o ciúme em relação a eles: *pessimum genus inimicorum laudantium*[381], tanto que era proverbial entre os gregos que *aquele que foi louvado em prejuízo próprio merecia que uma pústula surgisse em seu nariz*[382], ou, como dizemos, *que uma bolha surja na língua daquele que fala mentira.* Certamente, o louvor moderado, usado oportunamente e sem ser vulgar, é aquele que faz bem. Salomão disse: *Aquele que louva seu amigo em voz alta, desde logo coloca nele nada mais do que uma maldição*[383]. A exaltação exagerada de um homem ou assunto estimula a contradição e atrai a inveja e o escárnio. Louvar o caráter de um homem só pode ser decente em casos raros. Mas o elogio ao ofício ou profissão pode ser feito com graça e uma espécie de magnanimidade. Os cardeais de Roma – que são teólogos, frades e acadêmicos[384] – têm uma frase de notável conteúdo e escárnio em relação aos negócios civis, porque chamam todo negócio temporal, guerras, embaixadas, magistratura e outros empregos, de *sbirrerie*[385], que significa *subdelegacias*, como se fossem apenas assuntos para

---

379 A qualidade que o bajulador inevitavelmente atribuirá a ele, desprezando a consciência da imperfeição de sua vítima (literalmente: desdenhar a consciência).

380 Ensinar pelo louvor (derivado de Plínio, *Cartas*, III. 18. 1-3).

381 A pior classe de inimigo são os homens que o louvam (Tácito, *Agricola*, 41).

382 Compare com Teócrito, *Idílios*, XII. 24 e IX. 30.

383 Provérbios 27. 14.

384 Ver Ensaio 17.

385 Em italiano, *sbirro* significa policial ou meirinho.

subdelegados e meirinhos, embora muitas vezes esses subdelegados façam mais bem do que suas elevadas especulações. São Paulo, quando se gabava, frequentemente entrelaçava em seu discurso *Falo como um tolo*[386], mas ao falar de sua vocação, dizia: *Magnificabo apostalatum meum*[387].

386 Coríntios 11. 23.

387 Exaltarei meu ministério (Romanos 11. 13).

54

DA VANGLÓRIA

Textos: 1612, 1625

Ela foi lindamente inventada por Esopo[388]: *A mosca sentou-se no eixo da roda da carruagem e disse: "Quanto pó levanto!"*. Assim, há algumas pessoas vaidosas que, por terem colocado sua mão rapidamente no que quer que se mova sozinho ou por meio de forças maiores, acham que foram elas que o moveram. Os bravateiros precisam ser facciosos, porque toda gabolice repousa nas comparações. Precisam ser violentos para fazerem bem à sua própria jactância. Nem podem ser discretos e, portanto, ineficazes, mas, de acordo com o provérbio francês, *Beaucoup de bruit, peu de fruit*, ou seja, muito barulho, pouco fruto. Contudo, certamente, há um uso para esta qualidade nos assuntos civis. Onde é preciso criar uma opinião ou fama para uma virtude ou grandeza, estes homens são bons arautos. Novamente, como Tito Lívio observou no caso de Antíoco e os etólios[389], *há algumas vezes grandes efeitos em mentiras cruzadas*, como um homem que negocia com dois príncipes, para fazê-los aliarem-se em uma guerra contra um terceiro, exalta as forças de um deles acima das medidas, em relação ao outro. E algumas vezes aquele que lida com dois homens eleva o próprio crédito com ambos, ao fingir um interesse maior do que realmente tem em um ou outro. E nesses casos e naqueles semelhantes, frequentemente ocorre

388 Não Esopo, mas Lorenzo Bevilaqua; ver *Notes and Queries*, 202 (1957), 378.

389 Antíoco, rei da Síria, aliou-se aos etólios contra Roma, mas foi derrotado. Ver Lívio, *História*, XXXV. 12 e 17-18.

a produção de alguma coisa a partir do nada, porque as mentiras são suficientes para criar opinião, e opinião traz substância. Em soldados e comandantes militares, a vanglória é ponto essencial, porque assim como ferro afia ferro, pela glória, uma coragem afia outra. Nos casos de grande empreendimento, envolvendo despesas e risco, uma composição de naturezas vaidosas dá vida ao negócio e aqueles que são de naturezas sólidas e sensatas têm mais de lastro do que de vela. Na fama do aprender, o voo será lento, sem algumas plumas da ostentação. *Qui de contemnenda gloria libros scribut, nomen suum inscribunt*[390]. Sócrates, Aristóteles, Galeno, foram todos homens de ostentação. Certamente a vanglória ajuda a perpetuar a memória de um homem e a virtude nunca foi tão grata à natureza humana, pois recebe de segunda mão o que lhe é devido. Nem teria durado a fama de Cícero, Sêneca, Plínio o Jovem, se a ela não tivesse se juntado alguma vaidade, como o verniz, que torna brilhantes não apenas os tetos, mas os faz durar. Mas tudo isso, quando falo da vanglória, não estou falando daquela qualidade que Tácito atribuiu a Muciano, *Omnium quae dixerat feceratque arte quadam ostentator*[391], porque isso procede não da vaidade, mas de uma discrição e magnanimidade naturais e em algumas pessoas não apenas é adequado, mas cortês. Porque desculpas, concessões, a própria modéstia bem governada, são apenas artes da ostentação. E entre essas artes não há nenhuma melhor do que aquela de que Plínio, o Jovem, falou, que é a de estar livre para elogiar e recomendar os outros naquilo em que ele tem a perfeição. Por que disse Plínio muito engenhosamente: *Ao elogiar outro, você se beneficia, porque aquele que você elogia é ou superior a você naquilo que você elogia, ou é inferior. Se ele for inferior, e for elogiado, você o será muito mais. Se for superior e não for elogiado, você o será muito menos*[392]. Os bravateiros são o escárnio dos sábios, a admiração dos tolos, os ídolos dos parasitas e os escravos de sua própria bazófia.

---

390 Homens que escrevem livros sobre a ausência de valor da glória tomam o cuidado de colocar seus nomes na página de rosto (de Cícero, *Disputas Tusculanas*, I. 15).

391 Ele tinha certa habilidade de colocar em vantagem tudo aquilo que tinha dito ou feito (de *Histórias*, II. 80). Muciano, três vezes cônsul romano, ajudou Vespasiano a tornar-se imperador.

392 De *Cartas*, VI. 17. 4.

55

DA HONRA E DA REPUTAÇÃO

Textos: 1597, MS, 1625

A conquista da honra é apenas a revelação da virtude e do valor de um homem, sem desvantagens. Porque algumas de suas ações almejam e buscam honra e reputação, que em geral são muito faladas, mas interiormente pouco admiradas. E alguns, ao contrário, enegrecem sua virtude ao demonstrá-la, sendo subestimados. Se um homem realiza aquilo que não foi tentado antes, ou foi tentado e posto de lado; ou realizado, mas em circunstâncias não muito boas, adquirirá mais honra do que se realizasse algo de maior dificuldade ou virtude, mas onde seria apenas um seguidor. Se um homem assim temperar suas ações, de modo que, em algumas delas, satisfaça toda facção ou combinação de pessoas, a música será mais completa. Um homem é mau administrador de sua honra, se realizar uma ação onde o fracasso pode desgraçá-lo mais do que o sucesso poderá honrá-lo. A honra que é ganha e quebrada sobre outro tem reflexo mais vívido, como diamantes facetados. E, portanto, que o homem lute para exceder quaisquer competidores em questões de honra, superando-os na pontaria, se puder, com seu próprio arco. Seguidores e servos discretos muito contribuem para a reputação. *Omnis fama a domesticis emanat*[393]. A inveja, câncer da honra, é mais bem aniquilada, quando o homem deixa claro, como seu

393 Toda reputação de uma pessoa vem dos servos da casa (Cícero, *Handbook of Electiomeering*, V).

objetivo, buscar mais o mérito do que a fama, e na atribuição de seus sucessos mais à Providência Divina e à felicidade, do que à sua própria virtude ou política. A verdadeira ordem dos graus de soberana honra são os seguintes: Em primeiro lugar estão os *conditores imperiorum*, fundadores dos Estados e comunidade, tais como Rômulo, Ciro, César, Otomano, Ismael[394]. Em segundo lugar estão os *legisladores*, que também são chamados de *segundos fundadores*, ou *príncipes perpétuos*, porque governam por suas ordenações após terem morrido, tais como Licurgo, Solon, Justiniano, Edgar, Afonso de Castela, o Sábio, que compôs *As Sete Partes*[395]. Em terceiro lugar estão os *libertadores*, ou *salvadores*, que dão fim às longas misérias das guerras civis, ou libertam seus países da servidão a estrangeiros ou tiranos, como Augusto César, Vespasiano[396], Aureliano[397], Teodorico[398], rei Henrique VII, da Inglaterra[399], rei Henrique IV, da França[400]. Em quarto lugar estão os *propagadores* ou *propugnatores imperii*[401], que, em guerras honrosas, aumentaram seus territórios ou fizeram nobre defesa contra invasores. E em último lugar estão os *pais da pátria*, que reinam com justiça e tornam bons os tempos em que vivem. Os dois últimos tipos não precisam de exemplos, já que são numerosos. Os graus de honra em

---

394 Fundadores respectivamente de Roma (segundo a lenda); do Império Persa (sec. VI a.C.); do Império Romano; do Império Turco (Otomano I, †1326); e da dinastia Safavid, regentes da Pérsia (Irã) do sec. XVI.

395 Legisladores respectivamente de Esparta, sec. IX a.C; de Atenas, sec VI a.C.); do Império Bizantino, sec. VI; da Inglaterra, sec. X; e Castela. Sec. XIII (Afonso foi o autor de um código legal conhecido como *Las siete partidas*, "As Sete Partes").

396 Imperador romano, 69-79; livrou o império das guerras civis depois da morte de Nero.

397 Imperador romano, 270-275; lutou brilhantes campanhas e restaurou a unidade do império.

398 Teodorico, o Grande, rei dos Ostrogodos; libertou a Itália, em 493, e reinou em paz até sua morte, em 526.

399 Reinou de 1485 a 1509; terminou com a Guerra das Rosas e fundou a casa dos Tudors.

400 Reinou de 1589 a 1610; terminou com as guerras religiosas na França.

401 Defensores do império.

relação aos indivíduos são, primeiro, *participes curarum*[402], aqueles sobre os quais os príncipes descarregam o peso maior de seus negócios; são suas *mãos direitas*, como os chamamos. Em segundo lugar estão os *duces belli*[403], grandes líderes, os lugares-tenentes dos príncipes e que realizam serviços notáveis nas guerras. Em terceiro estão os *gratiosi*, os favoritos, aqueles que não excedem o limite, consolo para os soberanos e inofensivos às pessoas. E em quarto lugar, os *negotiis pares*[404], ocupam altos cargos abaixo dos príncipes e executam seus trabalhos com eficiência. Do mesmo modo, há uma honra que pode ser colocada entre as maiores, mas que ocorre raramente, que é a de se sacrificar à morte ou ao perigo pelo bem de seu país, como o fez M. Régulo[405] e os dois Décios[406].

---

402 Parceiros nos cuidados.

403 Comandantes militares.

404 Aqueles que são capazes de conduzir negócios de Estado.

405 General romano capturado pelos cartagineses na primeira Guerra Púnica. Enviado a Roma, em liberdade condicional, para uma troca de prisioneiros, ele persuadiu o Senado a recusá-la. Insistiu em retornar a Cartago, onde foi executado (cerca de 250 a.C.).

406 Segundo Lívio, tanto Décio Mus quanto seu filho de mesmo nome sacrificaram suas vidas por vitórias romanas (em 340 e 295 a.C. respectivamente).

56

DA MAGISTRATURA

Textos: 1612, 1625

Juízes devem lembrar que seu ofício é *jus dicere* e não *jus dare*: interpretar a lei e não fazer a lei ou dar a lei. Do contrário, seria como a autoridade reivindicada pela Igreja de Roma, que, sob o pretexto de exposição das Escrituras, não hesita em adicionar e alterar e em pronunciar aquilo que eles não encontram e, à guisa de antiguidade, introduzir novidade. Juízes devem ser mais instruídos do que engenhosos, mais reverenciados do que aplaudidos e mais ponderados do que confiantes. Acima de tudo, a integridade é o seu dote e virtude própria. *Amaldiçoado* (diz a lei[407]) *aquele que remove o marco*[408]. Aquele que retira uma simples pedra é culpado. Mas o juiz injusto é o principal removedor dos marcos divisórios, quando fixa erroneamente terras e propriedades. Uma sentença injusta causa mais prejuízo do que muitos exemplos vergonhosos. Porque estes apenas corrompem o regato, enquanto os primeiros corrompem a fonte. Assim disse Salomão: *Fons turbatus, et vena corrupta, est Justus cadens in causa sua coram adversario*[409]. O ofício do juiz pode ter relação com as partes litigantes, com os advo-

407 Lei mosaica.

408 Deuteronômio 27. 17.

409 Um homem correto que se entrega diante do mau, é como uma fonte turva ou nascente poluída (Provérbios 25. 26).

gados que pleiteiam, com os funcionários e oficiais de justiça abaixo deles, e com o soberano ou o Estado acima deles.

Primeiro, quanto às causas ou partes litigantes. *Há* (dizem as Escrituras) *aquele que transforma o julgamento em absinto*[410] e certamente há também aquele que o transforma em vinagre, porque a injustiça o torna amargo e as delongas o tornam azedo. O dever principal de um juiz é suprimir a força e a fraude, onde a força é a mais perniciosa, quando aberta, e a fraude quando reservada e disfarçada. Acrescente-se a isso as causas contenciosas, que devem ser cuspidas como o vômito dos tribunais. Um juiz deve preparar seu caminho para uma sentença justa, como Deus costuma preparar Seu caminho *elevando vales e derrubando montanhas*[411]. Assim quando lá aparece em qualquer dos lados um auxílio importante, perseguição violenta, vantagens astuciosas, combinação, poder, grande deliberação, então é que se vê a virtude de um juiz, tornando iguais os desiguais, para que possa plantar seu julgamento como se em solo nivelado. *Qui fortiter emungit, elicit sanguinem*[412] e onde a prensa da uva for de difícil manejo produz-se um vinho áspero, que tem sabor de caroço de uva. Juízes precisam se precaver contra construções rígidas e inferências forçadas, porque não há tortura pior do que a tortura das leis. Especialmente no caso das leis penais, eles devem tomar cuidado para que aquilo que se pretendeu para o terror não seja transformado em rigor, e que eles não lancem sobre as pessoas aquela chuva de que falam as Escrituras: *Pluet super eos laqueos*[413], porque as leis penais impostas são como *chuva de armadilhas* sobre as pessoas. Portanto, que as leis penais, se em desuso por longo tempo ou se inapropriadas para os tempos atuais, sejam restritas na execução por juízes sábios: *Judicis officium est, ut res, ita tempora rerum*[414], *etc.* Em causas de

410 Amós 5. 7.

411 Ver Isaías 40. 4.

412 Torcer fortemente o nariz, o faz sangrar (Provérbios 30. 33).

413 Choverá armadilhas sobre eles (Salmos 11. 6).

414 É dever de um juiz considerar não apenas as circunstâncias, mas também o tempo da ação (Ovídio, *Tristia*, I. 1. 37).

vida e morte, os juízes devem (tanto quanto a lei permite) se lembrar da misericórdia em justiça, e manter um olho severo sobre o exemplo, mas um olho misericordioso sobre a pessoa.

Em segundo lugar, quanto aos advogados e conselheiros que pleiteiam. Paciência e seriedade na audiência são parte essencial da justiça e um juiz que fala demais não é um *címbalo bem afinado*[415]. Não há graça para um juiz primeiro descobrir aquilo que ele poderia ter ouvido no devido tempo no tribunal, ou demonstrar rapidez de raciocínio cortando evidências ou deliberações muito curtas; ou antecipar informação com perguntas, embora pertinentes. As funções de um juiz na audiência são quatro: direcionar a evidência; moderar a duração, repetição ou impertinência de discurso; recapitular, selecionar e reunir os pontos materiais daquilo que foi dito; e dar a sentença. O que quer que esteja acima disso é muito e procede ou da vanglória e desejo de falar, ou da impaciência em ouvir, ou falta de memória, ou de um desejo de atenção calma e igual. É estranho ver que a ousadia dos advogados deva prevalecer com os juízes, já que eles deveriam imitar Deus, em cujo assento estão, que *reprime o presunçoso* e *dá graça ao humilde*[416]. Mas é mais estranho que juízes tenham favoritos notórios, o que pode apenas causar a multiplicação de taxas e suspeita de venalidade. Deve haver da parte do juiz para o advogado algum elogio e aprovação, quando as causas forem bem conduzidas e bem argumentadas, especialmente em relação ao lado que não venceu, porque isso eleva no cliente a reputação de seu conselheiro e abate nele a opinião em relação à sua causa. Da mesma forma, deve haver publicamente uma repreensão civil aos advogados, onde houver aconselhamento astucioso, negligência geral, informação superficial, pressão indiscreta ou uma defesa superaudaciosa. E que o advogado, na audiência, não discuta com o juiz, nem se lance à sustentação da causa sob nova forma, após o juiz ter declarado sua sentença. Mas, por outro lado, que o juiz não conheça a causa pela metade, nem dê oportunidade à parte de dizer que seu advogado ou suas provas não foram ouvidos.

---

415 Aludindo ao Salmo 150. 5 (Exalte-o com címbalos retumbantes; exalte-o com címbalos estrondosos).

416 Tiago 4. 6 e 1 Pedro 5.5.

Em terceiro lugar, quanto ao que se refere aos funcionários e oficiais de justiça. O lugar da justiça é um lugar sagrado e, portanto, não apenas o tribunal como o estrado do juiz e salas e outras dependências devem ser preservados de escândalos e corrupção. Porque certamente *Uvas* (como dizem as Escrituras) *não serão colhidas de espinhos ou cardos*[417], nem pode a justiça ter frutos doces entre arbustos e espinheiros dos servidores e oficiais de justiça ávidos e espoliadores. O atendimento nas cortes está sujeito a quatro maus instrumentos. Primeiro: certas pessoas semeadoras de causas que fazem o tribunal inchar e o país lamentar. O segundo tipo é daqueles que empenham os tribunais em disputas de jurisdição, e não são verdadeiramente *amici curiae* (amigos do tribunal), mas *parasiti curiae* (parasitas do tribunal), inflando um tribunal além de seus limites, para obterem migalhas e vantagem próprias. O terceiro tipo é o daqueles que podem ser tidos como as mãos esquerdas dos tribunais: pessoas que são cheias de truques e esquemas espertos e sinistros, pelos quais pervertem os caminhos planos e diretos dos tribunais e levando a justiça por labirintos e caminhos oblíquos. E o quarto é o do espoliador e cobrador de impostos, que justifica a semelhança dos tribunais de justiça com o arbusto onde a ovelha se esconde para se proteger do mau tempo e onde certamente perde parte de sua lã. Por outro lado, um funcionário antigo, habilidoso em precedentes, cauteloso nos procedimentos e experiente nos assuntos do tribunal é um dedo excelente da corte de justiça e, muitas vezes, indica o caminho para o próprio juiz.

Em quarto, quanto ao que pode estar relacionado com o soberano e o Estado. Os juízes, acima de tudo, devem lembrar a conclusão das Doze Tábuas romanas, *Salus populi suprema lex*[418], e saber que as leis, exceto se forem feitas para aquele fim, são apenas coisas capciosas e oráculos não bem inspirados. Portanto, é coisa feliz de um Estado, quando reis e Estados consultam frequentemente os juízes e, novamente, quando os juízes fazem consultas frequentes com reis e Estados. No primeiro caso, quando há matéria de lei interveniente em negócios de Estado; no segundo, quando há algum assunto de

---

417 Mateus 7.16.

418 O bem-estar do povo é a suprema lei (não das Doze Tábuas, que são leis formuladas em Roma, cerca de 450 a.C., mas de Cícero, *Sobre as Leis*, III. 3).

Estado interveniente em matéria de lei. Porque muitas vezes as coisas deduzidas em julgamento podem ser *meum* e *tuum*, quando razão e consequência podem avançar em questões de Estado. Chamo de assunto de Estado não apenas os relativas à soberania, mas o que quer que introduza alguma grande alteração ou precedente perigoso, ou que manifestamente tenha relação com grande parcela da população. E que nenhum homem nem de longe imagine que leis justas e política verdadeira tenham qualquer antipatia, porque são como o espírito e o nervo, um movendo o outro. Que os juízes também se lembrem que o trono de Salomão era sustentado por leões de ambos os lados: que eles sejam os leões, mas leões sob o trono, e sendo circunspectos, não se opondo a qualquer ponto da soberania. Ainda, que os juízes não sejam também tão ignorantes de seu próprio direito, como ao pensar que nada lhes foi deixado, como parte principal de seu ofício, um sábio uso e aplicação da lei. Porque eles podem se lembrar do que o Apóstolo[419] disse de uma lei maior do que a deles: *Nos scimus quia Lex bona est, modo quis ea utatur legitime*[420].

419 São Paulo.

420 Sabemos que a lei é boa, quando o homem a usa legalmente (1Timóteo 1. 8).

57

DA IRA

Texto: 1625

Procurar extinguir a ira posteriormente é apenas uma bravata dos Estoicos. Temos oráculos melhores: *Fique irado, mas não peque. Não deixe o sol se pôr sobre sua ira*[421]. A ira precisa ser limitada e confinada, tanto na extensão quanto na duração. Primeiro falaremos de como a inclinação natural e o hábito de se ficar irado podem ser abrandados e acalmados. Em segundo lugar, de como acessos de raiva podem ser reprimidos ou, pelo menos, impedidos de causar dano. Em terceiro, como promover a ira ou aplacá-la em outro.

Quanto ao primeiro: não há nenhum outro modo a não ser meditar e ruminar bem sobre os efeitos da ira, e como ela atrapalha a vida do homem. E a melhor hora para se fazer isso é olhar por trás da ira, quando o ataque tiver passado completamente. Sêneca disse bem que *a ira é como a ruína, que se quebra sobre aquilo em que cai*[422]. As Escrituras nos exortam a *possuir nossas almas na paciência*[423]. O que quer que esteja fora da paciência está fora da posse de nossa alma. Os homens não precisam se tornar abelhas, recebendo ferroadas em suas vidas.

---

421 Efésios 4. 26.

422 *Sobre a Ira*, I. 1. 2.

423 Ver Lucas 21. 19.

Animasque in vulnere ponunt[424].

A ira é certamente uma espécie de infâmia, como bem aparece na fraqueza daqueles indivíduos sobre os quais reina: crianças, mulheres, velhos e doentes. Os homens precisam apenas cuidar para que sua ira seja suportada mais com desprezo do que com medo, de modo que possam parecer estar mais acima da injúria do que abaixo dela, o que se pode fazer facilmente, se o homem se conceder direito a ela.

Quanto ao segundo ponto: as causas e motivos da ira são principalmente três. Primeiro: ser muito sensível à ofensa, porque nenhum homem fica irado se não se sentir ofendido, e, portanto, pessoas delicadas e sensíveis têm necessidade de ficar frequentemente iradas, porque têm muitas coisas a preocupá-las, o que é pouco sentido por naturezas mais robustas. A seguir vêm a apreensão e a interpretação de que a ofensa oferecida está, nas circunstâncias em que ocorreu, cheia de desprezo. Porque o desprezo é aquilo que põe gume na ira, tanto quanto ou mais do que a própria ofensa. E, portanto, quando os homens são habilidosos em perceber as circunstâncias do desprezo, inflamam muito sua raiva. Finalmente, a opinião que toca a reputação de um homem multiplica e afia a ira. O remédio está em que um homem deveria ter, como Consalvo[425] tinha o costume de dizer, *telam honoris crassiorem*[426]. Mas, de todos os freios da ira, o melhor remédio que o homem tem é ganhar tempo e acreditar que a oportunidade para a sua vingança ainda não chegou e prever uma hora para ela. E, assim, nesse meio tempo, ele se acalma e se reserva para tal.

Para impedir a raiva do dano, embora prenda um homem, há duas coisas em que é preciso ter cautela especial. Uma é a extrema amargura das palavras, especialmente se forem ardentes e pessoais, porque *communia maledicta*[427] não é nada; e novamente que, na ira, o homem não revele segredos, porque isso não é apropriado em socie-

424 E sacrificarem suas vidas na ferida (Virgílio, *Georgics*, IV. 238).

425 Gonzalo, Hernandes de Cordova, general espanhol, †1515.

426 Uma teia mais espessa de honra (o ditado não pode ser rastreado, mas Bacon o cita em outro lugar: ver *Obras*, VII. 150).

427 Insultos comuns.

dade. A outra, que você não rompa peremptoriamente qualquer negócio num acesso de raiva. Mas se, de qualquer forma, mostrar amargura, não faça nada que não seja revogável.

Quanto a promover e aplacar a ira em outro: isso é feito principalmente quando se escolhe a hora em que os homens estão mais intratáveis e pouco dispostos para incensá-los. Novamente, reunindo (como foi mencionado anteriormente) tudo o que você puder encontrar para agravar o desprezo. E os dois remédios são dados pelos contrários. O anterior, o dos bons tempos, quando contar primeiro a um homem um negócio ameaçador, porque a primeira impressão é a que vale. E a outra é cortar, tanto quanto possível, a interpretação da ofensa de qualquer implicação de desprezo, imputando-a ao medo, à incompreensão, à paixão ou o que você quiser.

58

DA VICISSITUDE DAS COISAS

Texto: 1625

Salomão disse: *Não há nada de novo sobre a Terra*[428]. De modo que, enquanto Platão imaginava *que todo o conhecimento era apenas uma lembrança*[429], assim Salomão proferiu seu julgamento de *que toda novidade é apenas o esquecido*[430]. Daí, você pode ver que o rio Lete[431] corre tanto acima quanto abaixo do solo. Há um astrólogo abstruso que disse[432]: *Se não fosse por duas coisas que são constantes (uma é que as estrelas fixas sempre mantêm a mesma distância uma da outra, e nunca se aproximam ou se afastam; a outra, que o movimento diário mantém o tempo perpetuamente), nenhum indivíduo duraria um momento.* Certo é que a matéria encontra-se em fluxo perpétuo e nunca para. As grandes mortalhas, que enterram no esquecimento todas as coisas, são duas: dilúvios e terremotos. Quanto a conflagrações e grandes secas, não apenas matam e destroem. O carro de Phaethon rodou apenas um dia[433].

---

428 Eclesiastes 1. 9.

429 Ver *Phaedo*, 72E, e *Meno*, 81C-D.

430 Derivado de Eclesiastes 1. 10-11.

431 Rio do Hades, a morada dos mortos, cujas águas, uma vez bebidas, causam completo esquecimento.

432 Talvez o filósofo italiano Telésio (†1588) em seu *Sobre a Natureza das Coisas.*

433 Phaeton, o filho do sol, ateou fogo no céu e na terra ao tentar dirigir a carruagem de seu pai.

E a seca de três anos, no tempo de Elias[434], foi apenas parcial e deixou vivas as pessoas. Quanto às grandes fulminações por raios, frequentes nas Índias Ocidentais[435], são limitadas. Mas nas outras duas destruições, dilúvio e terremoto, é preciso notar que as pessoas sobreviventes são, em geral, montanhesas e ignorantes e podem não dar importância ao tempo passado, de modo que o esquecimento é tal como se nada restasse. Se você considerar bem o povo das Índias Ocidentais, é muito provável que ele seja um povo mais novo ou mais jovem do que o povo do Velho Mundo. E é muito mais provável que a destruição que houve ali antigamente não tenha sido causada por terremotos (como o sacerdote egípcio disse a Solon em relação à ilha de Atlântida, *que foi engolida por um terremoto*[436]), mas que ficou isolada por um determinado dilúvio. Porque terremotos raramente ocorrem naquelas regiões. Mas, por outro lado, eles têm aqueles rios torrenciais, e os rios da Ásia, África e Europa são apenas riachos para eles. Da mesma forma, os Andes ou montanhas são muito mais altas do que as que temos aqui. Daí parece que a geração remanescente de homens foi, em tal dilúvio particular, salva. Quanto à observação feita por Maquiavel[437] de que o ciúme das seitas reduz muito a memória das coisas, traduzindo Gregório, o Grego, que fez o que pôde para extinguir todas as antiguidades pagãs, não acho que tais zelos tiveram grandes efeitos, nem duraram muito, como se viu na sucessão de Sabino[438], que reavivou antiguidades anteriores.

A vicissitude ou mutações na esfera superior[439] não são assunto apropriado para este argumento. Talvez o *Grande Ano*[440], de Platão, se o mundo durasse tanto, tivesse algum efeito, não na renovação da

434 Elias, o profeta: para a seca, ver 1Reis 17 e 18.

435 Todo o continente americano, bem como as ilhas.

436 Platão, *Timeu*, 25D. Ver também Ensaio 35.

437 Maquiavel, *Discurso*, II. 5 (onde se diz que o Papa Gregório ordenou a destruição dos poemas, histórias e ídolos pagãos.

438 Sucedeu Gregório como Papa; permitiu certo revivescimento do paganismo.

439 Os céus. Ver Ensaio 15.

440 O espaço de tempo necessário para que todos os corpos celestes retornem aos locais que ocupavam, quando o mundo começou (Ver *Timeu*, 39C-E).

situação de indivíduos iguais (porque isso é uma noção vã daqueles que imaginam que os corpos celestiais têm influências mais precisas sobre as coisas abaixo deles do que de fato têm), mas no geral. Do mesmo modo, cometas, sem dúvida, têm poder e efeito sobre a massa das coisas, mas são mais contemplados e esperados em sua jornada do que sabiamente observados em seus efeitos, especialmente em seus respectivos efeitos, isto é, que tipo de cometa, qual sua magnitude, cor, transformação de seus raios, posição no céu, ou duração e o tipo dos efeitos produzidos.

Ouvi falar de uma ocorrência, que eu não divulgaria sem considerá-la um pouco. Dizem que foi observada nos Países Baixos (não sei em que parte deles) e que, a cada cinco e trinta anos, o mesmo tipo e sequência de anos e climas ocorrem novamente, tais como grandes geadas, grandes enchentes e secas, invernos quentes, verões com pouco calor e coisas semelhantes; e eles o chamam de *o Início*. É uma coisa que apenas menciono, porque, revendo dados anteriores, encontrei alguma concordância.

Mas vamos deixar de lado esses fenômenos da natureza e voltar aos homens. A maior vicissitude das coisas entre os homens é a vicissitude das seitas e religiões. Porque essas esferas de influência regem a mente da maioria dos homens. A verdadeira religião está *construída sobre pedra*; as restantes são lançadas sobre as ondas do tempo. Portanto, só me resta falar das causas das novas seitas e dar algum aconselhamento em relação a elas, tanto quanto a fraqueza do julgamento humano pode dar permanência a revoluções tão grandes.

Quando a religião anteriormente recebida é dilacerada por discórdias, e a santidade dos professores de religião está decaída e cheia de escândalo, e sendo os tempos estúpidos, ignorantes e bárbaros, você pode temer o surgimento de uma nova seita, e ainda mais se houver surgido algum espírito extravagante e estranho que tenha feito de si mesmo o autor dela. Todas essas situações existiam, quando Maomé publicou sua lei. Se uma nova seita não tiver duas propriedades, não a tema, porque não se espalhará. Uma é a suplantação ou a oposição à autoridade estabelecida, porque nada é mais popular do que isso. A outra é dar licença aos prazeres e a uma vida voluptuosa. Porque, quanto às heresias especulativas (tais como as que ocorreram nos tempos dos Arianos[441] e agora, com os Armênios[442]), embora elas trabalhem poderosamente sobre a mente dos homens, não produzem, contudo, qualquer grande alteração nos Estados, exceto pelo auxílio em ocasiões civis. Há três maneiras de se implantar novas seitas: pelo poder de sinais e milagres; pela eloquência e sabedoria de discurso e persuasão; e pela espada. Quanto aos martírios, eu os classifico entre os milagres, porque parecem exceder a força da natureza humana e posso dizer o mesmo da superlativa e admirável santidade de vida. Certamente não há caminho melhor para impedir o surgimento de novas seitas e cismas do que corrigir os abusos, compor as menores diferenças, proceder suavemente e não com perseguições sanguinárias e, preferivelmente, retirar os principais autores vencendo-os e melhorando-os do que enraivecê-los pela violência e amargura.

As mudanças e vicissitude nas guerras são muitas, mas principalmente em três coisas: nos estágios da guerra, nas armas e na maneira de conduzi-la. As guerras nos tempos antigos pareciam se mover mais do Oriente para o Ocidente, porque persas, assírios, árabes, tártaros (que eram os invasores) eram todos povos orientais. É verdade que os gauleses eram ocidentais, mas lemos apenas sobre duas de suas incursões: à Galícia e à Roma. Mas Oriente e Ocidente não possuem pontos certos no céu[443] e as guerras, tanto do Oriente quanto do Ocidente, não têm mais qualquer certeza de observação. Mas Norte e Sul são fixos e raramente ou nunca se viu que os distantes povos sulistas tenham invadido os nortistas, mas muito ao contrário. Daí ocorre que o tratado nortista do mundo está na natureza da região mais marcial, seja em relação às estrelas daquele hemisfério, ou dos grandes continentes existentes no Norte, enquanto a parte Sul, pelo que se sabe, é quase

441 Seita religiosa do quarto século, fundada por Arius de Alexandria, que negou a igualdade de Pai e Filho na Trindade Cristã.

442 Seguidores de Arminius (Jakob Harmensen, †1609), o teólogo protestante alemão, que se opôs à visão de Calvino de predestinação (que Deus determinou a salvação ou danação dos indivíduos antes da criação).

443 Oriente e Ocidente não são marcados nos céus por uma determinada estrela (como ocorre no Norte, que é fixado pela estrela polar).

toda formada por mares; ou (o que é mais aparente) do frio das regiões nortistas, que é aquilo que, sem a ajuda da disciplina, torna os corpos mais rijos e a coragem mais quente.

Sobre a quebra e fragmentação de um grande Estado ou império, você pode ter certeza de não haver guerras. Porque grandes impérios, enquanto permanecem como tal, debilitam e destroem as forças dos nativos, que eles subjugaram, apoiando-se em suas próprias forças de proteção; e, então, quando também fracassam, tudo se arruína e eles se tornam a presa. Assim foi na queda do Império Romano e, do mesmo modo, no Império Germano, depois de Carlos Magno, onde cada ave levava uma pena; e não é improvável que isso aconteça com a Espanha, se ela não quebrar. As grandes ascensões e uniões de reinos também incitam guerras. Porque, quando um Estado chega a ter um superpoder, é como uma grande enchente, que certamente levará a uma inundação, como ocorreu nos Estados de Roma, Turquia, Espanha e outros. Observe que, quando o mundo possuía poucos povos bárbaros, que geralmente não se casavam ou procriavam, exceto quando tinham meios para viver (como ocorre quase em todos os lugares atualmente, exceto na Tartária), não havia o perigo de inundações de pessoas. Mas, quando há grandes multidões de pessoas, que continuam a se reproduzir sem meios previstos de vida e sustentação, é necessário que, uma vez ou duas em cada era, uma parte delas seja descarregada sobre outras nações, o que os antigos povos do Norte costumavam fazer por sorteio, distribuindo aqueles que deveriam permanecer no lar e aqueles que deveriam buscar seus destinos. Quando um Estado guerreiro cresce manso e efeminado, pode se ter certeza de uma guerra, pois, geralmente, tais Estados tornaram-se ricos ao longo do tempo de sua degeneração e, assim, a presa convida e sua queda em valor encoraja a guerra.

Quanto às armas, dificilmente isso está sob regra e observação; contudo vemos mesmo que elas têm seu proveito e vicissitudes. Pois certo é que o poder de fogo e a artilharia foram conhecidos na cidade e Oxidrakes[444], na Índia, e foi aquilo que os Macedônios chamaram de trovão e relâmpago, e magia. E é bem sabido que o uso da artilharia existe na China há mais de 2000 anos. As condições das armas e

444 A história de Oxidrakes talvez tenha derivado de Filóstrato, *Vida de Apolônio*, II. 33.

sua melhoria são, primeiro, acertar o alvo a uma boa distância, pois isso afasta o perigo, como se vê no uso da artilharia e dos mosquetes. Em segundo lugar, a força da percussão, onde do mesmo modo a artilharia excedeu todos os aríetes e antigas invenções. Em terceiro, o uso cômodo delas, pois podem ser usadas em todas as condições climáticas e a carroça de transporte é leve e manobrável, e outras coisas semelhantes.

Quanto à condução da guerra, inicialmente, dependia-se imensamente do número de homens. As guerras ocorriam em termos de força principal e valor, indicando-se dias para as batalhas e, assim, tentando levá-las a uma luta justa. E eram mais ignorantes em relação ao enfileiramento e formação das batalhas. Depois, apoiaram-se mais na competência do que no grande número; passaram a considerar as vantagens da posição, dos desvios astuciosos e assemelhados, e tornaram-se mais habilidosos no comando de suas batalhas.

Na juventude de um Estado, florescem as armas; na meia-idade, o saber e depois ambos durante um tempo. No declínio de um Estado, as artes mecânicas e o comércio. O saber tem sua infância quando está no início e é quase infantil; depois sua juventude, quando é luxuriante e juvenil; depois sua força dos anos, quando é sólido e disciplinado; e finalmente sua velhice, quando se torna seco e esgotado. Mas não é bom olhar muito para as rodas giratórias da vicissitude, a fim de não ficarmos tontos. Quanto à filologia delas[445], é apenas um círculo de contos e, portanto, não apropriado para este escrito.

445 Quanto às histórias delas (de como as rodas da vicissitude, ou fortuna, giraram).

59

DA FAMA

(Ensaio Inacabado)

Os poetas fazem da Fama um monstro. Descrevem-na em parte como fina e elegante, e em parte como grave e sentenciosa. Dizem: — Olhem quantas facetas ela tem; quantos olhos disfarçados; quantas vozes; quantas orelhas para puxar.

Isso é um floreio. As parábolas que se seguem sobre a fama são excelentes; ela ganha ímpeto ao caminhar; anda sobre o solo e ainda assim esconde a cabeça nas nuvens; senta-se em um farol durante o dia e foge principalmente à noite; mistura coisas inacabadas com as concluídas; e é um horror nas grandes cidades. Contudo, é efêmera, só o restante fica. Diz-se que a Terra, mãe dos gigantes que guerrearam contra Júpiter, destruindo-o, criou a Fama em seguida, num acesso de cólera. Certamente os rebeldes, caracterizados pelos gigantes, as famas revolucionárias e as infâmias, não passam de irmãos e irmãs, masculino e feminino. Contudo, se um homem puder domar esse monstro, fazendo com que coma em sua mão e atenda ao seu comando, voando com ele sobre as aves de rapina para matá-las, então, de certa forma, valeu a pena. Todavia, o estilo dos poetas nos infectou. Falemos de uma maneira mais incisiva: não há, em toda a política, local menos conduzido e que mais mereça orientação do que a fama. Falemos disso então: das famas falsas e das famas verdadeiras; e como podemos entendê-las melhor; como podem ser semeadas e cultivadas; como podem se multiplicar e se ampliar, como podem cessar e morrer. Além de outras coisas relacionadas à natureza da fama. A Fama é uma força, pois numa grande ação em que não desempenhe um grande papel, torna-se escassa; principalmente em tempos de guerra. Muciano desdenhou Vitélio pela difusão de um boato. O rumor dizia que Vitélio pretendia transferir as legiões da Síria para a Alemanha e as da Alemanha para a Síria, provocando a revolta nas legiões da Síria. Júlio César pegou Pompeu desprevenido escondendo suas intenções e espalhando o seguinte boato: que os soldados de César não amavam Pompeu e iriam abandoná-lo assim que chegassem à Gália, pois estavam cansados das guerras e repletos dos produtos saqueados na Gália. Lívia organizou tudo para a sucessão de seu filho Tibério divulgando insistentemente que seu marido, Augusto, convalescia. E foi muito comum os paxás terem escondido a morte do Grande Turco dos janízaros e dos guerreiros, a fim de evitar o saque de Constantinopla e de outras cidades. Temístocles fez Xerxes, rei da Pérsia, sair às pressas da Grécia divulgando que os gregos pretendiam destruir a ponte de navios que ele havia construído pelo Helesponto. Existem milhares de exemplos, e quanto mais existirem, menos precisarão ser repetidos, pois são encontrados pelo homem por toda a parte. Sendo assim, que todos os governantes sábios tenham cuidado e fiquem alertas com as notícias como fazem com as ações e os projetos.

Índice Alfabético dos Ensaios